「わかる!」「できる!」がみつかる

教材・教具と特別支援のアイデア

青山眞二
[監修]

北海道教育大学附属特別支援学校
[著]

図書文化

はじめに

　私が北海道教育大学附属特別支援学校に赴任したのは 2021 年 4 月です。世界中で新型コロナウイルスが蔓延し，日本中がピリピリしていたように思います。学校教育においても様々な制限がかかっていました。音楽の授業では，歌唱指導や器楽演奏ができなくなり，給食も黙食となり，あれもダメ，これもダメという状況の中で，指導が展開されていました。こんな状況ですから，先生方は困っているだろうと思っていたのですが，意外や意外，子どもの前では，どの先生方も何事もないかのように終始笑顔で指導をしていたのです。これには本当にびっくりしました。特に，指導の個別化が徹底しており，能力別のグループ学習でさえ，子ども一人一人の実態に応じた個別の教材・教具が準備され，当たり前のように指導が進むのです。指導の上手さもさることながら，それ以上に個別の教材・教具に驚かされました。一つの授業で，何種類もの教材・教具を準備するのはさぞかし大変だったろうなと思いました。授業が終わると，先生方は，子どもの様子を喜々として話してくれるのですが，教材・教具づくりの大変さについては，ほとんど話題になりませんでした。それだけ，本校では，子ども一人一人の実態に応じた教材・教具を作ることが，当たり前になっていたわけです。

　しかし，こうした子ども一人一人の実態に応じた教材・教具づくりは，それほど簡単なことではありません。少し身びいきかもしれませんが，本校の先生方は，どんな状況でも臨機応変に対応できる知識と技能を身につけていたわけです。とても素晴らしいことですよね。これは本校の先生方の専門性の高さでもあり，子ども一人一人の能力を引き出したいという先生方の熱い思いの表れだと考えています。また，こうした素晴らしい教材・教具を本校だけで使用するのは，とてももったいないことだなと思いました。そこで，私が考えたのが，こうした先生方が作成する教材・教具を全国の先生方に紹介し，その目的や作成方法及び使い方等をぜひ知ってもらいたいということでした。こうして本書の作成に至ったのです。

　本書の作成に当たっては，その年に在籍している本校のすべての先生方と，前年に転勤された先生方に執筆をお願いしました。どの先生もお忙しい中，協力していただいたことに感謝申し上げます。

　最後になりますが，本書刊行に当たり，全国の先生方に少しでも興味を持っていただけるように，斬新な目次や関連する教材・教具のフローチャート等，たくさんのアイデアや助言をしてくださった図書文化社の渡辺さん，加藤さん，滝島さんに深く感謝申し上げます。

　このように，本書は北海道教育大学附属特別支援学校の先生方の熱い思いと，図書文化社の編集者の皆さんのご協力によって完成いたしました。この本を一人でも多くの先生方に読んでいただき，少しでも先生方のお役立てば幸いです。

令和 6 年 3 月吉日

北海道教育大学附属特別支援学校校長　青山眞二

●本書の特徴と活用方法

　本書は，北海道教育大学附属特別支援学校で使われている「教材・教具」を，『ことば・かず』『アート・スポーツ』『きもち・ともだち』『せいかつ』『しごと』『ICT』の６つのジャンルに分類して掲載しています。この分類は，特別支援学校の「各教科等を合わせた指導」という独特な指導形態に基づくもので，より実践的な視点で構成されています。

　各「教材・教具」は，そのねらいや対象及び活動場面，作り方，使い方，活動レポート，実態に合わせた応用アイデアという小項目でまとめられており，これらすべての小項目が見開き２ページに収められていますので，「教材・教具」の概要を簡単に読み取ることができます。また本書の目次は，「教材・教具」の名称のみではなく，各教材・教具を象徴するイラストや写真と説明の組み合わせで示されていますので，どんな教材・教具が載っているのか，すぐに分かる斬新なつくりとなっています。いわば，レストランでカラフルなメニューから食べたい物を探すかのような目次となっているわけです。さらに，各章の扉には，関連する教材・教具がフローチャートで示されているため，各章のコンテンツが一目でわかるように工夫されています。

　本書の活用方法は，読み手によって様々ですが，おもに以下の３つが考えられます。

1　教材・教具のサンプル本としての活用

　具体的な指導場面で使用する教材・教具を考える時，各ジャンルや扉のフローチャートを手掛かりに，関連する教材・教具等を検索し，必要な教材・教具のサンプルとして活用することができます。本書には全部で72の教材・教具が掲載されています。そこから，読者が実際の指導で活用できそうな教材・教具をピックアップし，それを参考に，指導対象の子どもの実態に応じた教材・教具を検討することができます。

2　具体的な個別支援の考え方を学ぶための活用

　本書に掲載されている教材・教具は，本校の児童生徒の実態に合わせて作られたものです。ですから，それぞれの教材・教具に盛り込まれた，子ども一人一人の実態に応じた「仕掛けの意図」を考えることはとても大切なことです。まずは興味のある教材・教具のページを開き，どんな仕掛けがどのような意図をもって作られているかを考えてみてください。このような読み取りを繰り返していくうちに，子ども一人一人のニーズに対応した具体的な個別支援の考え方が，自然と身についていくと考えています。

3　特別支援教育の指導方法の研修会資料としての活用

　本書は，単なる教材・教具の紹介にとどまらず，使用の様子や応用アイデアまで示されていますので，研修会等で，具体的な指導方法を検討するための資料として活用できます。紙面の関係から，子どもの実態等は詳細に記されていませんが，類似したケースと本書のサンプルを重ね合わせ，今後の指導方法等を検討していく際の有益な資料として活用できます。

もくじ

はじめに
P.002

特別支援教育における「教材・教具」
P.010

1章
ことば・かず

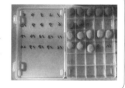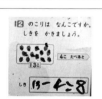

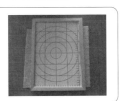

3章

きもち・ともだち

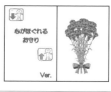

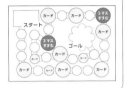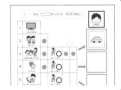

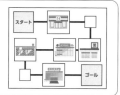
5章

しごと

6章

ICT

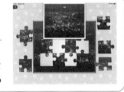
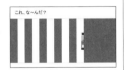

特別支援教育における「教材・教具」

1 北海道教育大学附属特別支援学校における「教材・教具」

　北海道教育大学附属特別支援学校では，1998年から2003年まで，自閉症の指導に焦点を当てた研究を行い，アメリカで開発されたTEACCHプログラムを積極的に取り入れた指導を展開しました。TEACCHプログラム(内山,2006)は，アメリカノースキャロライナ大学のショプラー博士が開発したもので，自閉症児者の自立した生活を目指して編み出された指導プログラムです。自閉症児者の指導を考えるうえで大切なことは，自閉症児者一人一人の苦手なことを受け入れたうえで，それぞれの強い部分を伸ばすという発想です。

　その当時，本校では教育環境や指導で用いられる「教材・教具」の構造化に力点を置くとともに，指導の個別化にも力を注いでいました。子どもの机の両サイドについ立を置くことによって物理的な個別化を図るとともに，子ども一人一人の特性に応じた個別課題として，数多くの「教材・教具」を準備しました。例えば，個別課題では，丸・三角・四角の型はめパズルや，ジグソーパズル等の知育玩具，フォークとスプーンといったさまざまな日用品の分類課題，認知発達や手指の巧緻性を高めるための「教材・教具」等，さまざまなものが作られました。また，スケジュールの構造化という観点から，一人一人の認知レベルに応じた個別のスケジュールボードとカードもたくさん作られました。個別のスケジュールボードは，教室だけではなく，体育館等のさまざまな学習場所にも設置しました。具体的なスケジュールの内容を示すカードは，子どもの認知レベルが上がるとともに進化させ，写真カードから，イラストカード，文字とイラストを組み合わせたカード等，一人一人の発達に合わせて作り変えています。

　このように，本校における「教材・教具」への取組みは，先輩たちから引き継がれた作成のノウハウを参考に，現在も試行錯誤が繰り返されており，指導の数だけ「教材・教具」があるといっても過言ではありません。

　さらに本校の「教材・教具」に共通することは，子ども一人一人の目線に立って「教材・教具」の選択・作成がなされているということです。子ども一人一人の目線に立つということはよく言われることですが，その思いを「教材・教具」として具体化することは簡単なことでは

ありません。「これならできる」と思って準備した「教材・教具」も，子どもに上手く機能しないことはめずらしくありません。そのたびに課題分析をやり直し，その結果を基に修正することを繰り返しています。

「教材・教具」を自作することは大変なことですが，本校ではこの試行錯誤する過程こそが大事だと考えています。試行錯誤は，「教材・教具」の完成度を高めるだけではなく，子どもの理解を深めることにもつながっていきます。むしろ，教師の子どもの理解が深まるからこそ，有用な「教材・教具」に進化していくのだと思います。

本校の職員は，高い専門性とそれぞれの先生の特技を生かしながら，より適切な「教材・教具」の作成と活用を通して，子どもが「わかる」「できる」授業を進めています。そのような「教材・教具」の作成例と，子どもの目線に立つための試行錯誤の過程が，本書をお読みになった読者の皆様にもきっと参考になることと思います。

2 教材・教具とは

私たちは「教材・教具」という言葉をよく用いますが，実は，この「教材・教具」という用語は，定まった定義がないまま使われています。

例えば，田中（1987）は「教材」について「学習指導上の素材。広い意味では，各教科における具体的な指導内容，あるいは教科書，付属資料などを指す。いわゆる教具（教育用具）を含む」と定義しています。一方，柴田（2014）は，「授業において，教師の授業活動と児童生徒の学習活動との間を媒介し，教授・学習活動の成立に役立つ材料のすべてを一般に教材と呼ぶ」としています。歴史的には1948年に制定された「教科書の発行に関する臨時措置法」において，教科書を「教科の主たる教材」と規定し，その使用が義務付けられています。また，教具においては，前述の「教材に教具を含む」という視点に立てば，教材と教具を分けないという考え方も成立することになります。

あえて「教材」と「教具」を便宜的に再定義するならば，教育の目的や目標を達成するための指導内容や素材が「教材」であり，指導を展開するうえで，その補助的な役割を担っているのが「教具」といえるでしょう。具体的には，黒板やパソコン・テレビモニター，体育の跳び箱・マット等は典型的な教具といえます。指導の目的によっては，教具そのものが教材として扱われることも少なくありません。このため，実際の指導場面では，「教材」と「教具」を「教材・教具」として扱われていることが多いという印象をもっています。

本書では，指導の目的を達成するために必要なあらゆる素材や資料および道具をまとめて「教材・教具」として取り上げています。例えば，音楽の指導では，既存のさまざまな楽器はもちろんのこと，教科書に載っている曲から替え歌まで「教材・教具」であり，時には，おもちゃのマイクでさえも，子どもたちの意欲的な歌唱を引き出す重要な「教材・教具」となります（参照：2章10「いっぱい歌おう！ 私のマイク」）。一般に市販されている既製品をアレンジした

ものから，すべてがオリジナルな自作の「教材・教具」まで，幅広く「教材・教具」として取り上げています。

3 「教材・教具」の特性

「教材・教具」は，教育の目的や指導目標をより効率的に達成するために用いられるものです。教師は，それぞれの「教材・教具」の特性を熟知したうえで，指導目標や子どもの実態等に応じて，それに適した「教材・教具」を選択し，その使用を通して指導の効率化を図ります。

例えば，買物学習では，お店の場所を確認したり買物リストを作成したりといった学習が，買物の前に展開されることが多いと思います。この時，お店の場所を確認するためには，学校とお店の位置関係がわかる「地図」が必要になります。また買物リストを作る際には，商品を選択するための「品物の写真」や「値段」等の情報も必要になります。これらも，「わかる」「できる」ための重要な「教材・教具」といえます。

このように，「教材・教具」は指導上の明確な役割をもっています。その役割を十分に果たすためには，多くの「教材・教具」の中から，ねらいに合わせて適切に選択するのはもちろんのこと，「教材・教具」のもつ特性に応じて，その使い方を工夫したり，時には新たな機能を付加させるといった工夫も求められることになります。また，特別支援教育においては，子ども一人一人のニーズに対応するという観点から，既存の「教材・教具」だけではなく，配慮を要する子ども一人一人の特性に応じた「教材・教具」を教師が自作して使用することも求められます。

1)「わかる」を促す

どのような「教材・教具」が，子どもの「わかる」を促すことができるのかを見定める力も，教師に求められる力量の一つといえます。

学習内容が理解できないために，次第に学習活動から離れていく子どもは少なくありません。わからないまま学習を続けることは，子どもにとって，とてもつらいことですから，「わかる」ように指導することは教師の責務といえます。適切な「教材・教具」を活用することで，子どもの「わかる」を促し，それをベースに主体的な学びを高めることができます。

また，学習活動の見通しがもてないために，学習に参加できない子どもがいます。そうした子どもには，事前に学習スケジュールをわかりやすく伝えることにより，学習から離脱するリスクを下げることができます（参照：4章46「書き込み式スケジュール」）。ここで用いる学習スケジュール表等も，子どもの学習参加を支える重要な「教材・教具」といえます。

このように，「わかる」を促す「教材・教具」には，学習内容に直接関係しているものもあれば，どこで・何を・どれだけやればよいのかを示す個別スケジュール表等もあります。後者についても，「わかる」を促す間接的な「教材・教具」といえます。

2)「できる」を促す

　子どもが意欲的に学習に取り組むためには,「これならできそうだ」という見通しをもてることが重要になります。仮にできそうにない課題で失敗ばかりを繰り返すと, 子どもは学習への意欲が低減し, 時には不適切な行動問題を生じることもあります。一方,「できる」状況なら何でもよいかというと, 必ずしもそうではありません。つまり, 簡単すぎる状況での「できる」は, 子どもの学習意欲を低減させてしまうことがあります。

　学習過程で「できる」状況をつくることは重要ですが, 適切な「できる」という状況は, 子ども一人一人の能力等との微妙なバランの上で決定されることになります。

　「できる」を生み出すためには, 課題そのものの「難易度を調整」することも選択肢の一つとなります。また, 課題の難易度は変えずに,「できる」を保証するような「教材・教具」を工夫することも選択肢の一つとなります。例えば木工製品を作製する場合, 片手で材料を押え, もう一方の手で作業をすることになりますが, 両手の協応動作が苦手な子どもには, 材料を作業台に固定する道具を用いることで, ほかの子どもと同じレベルの作業が可能となります。材料を固定する道具は, 既存の物で間に合うこともありますが, 子どもに合わせてオリジナルに作成しなければならない場合もあります。この材料を固定する教具も, まさに「できる」を促す「教材・教具」といえます。

3)「興味・関心」を高める

　現行の学習指導要領（文部科学省, 2017a）には,「主体的・対話的で深い学び」の実現に向けた授業改善の推進がうたわれていますが, 子どもの主体的で深い学びを求めることは, いまに始まったことではありません。これは, どの時代においても教育に携わる教員の願いであり, 保護者の願いでもありました。言い換えれば, 子どもに主体的にかつ深い学びをしてもらうために, 子どもの「興味・関心」を高める「教材・教具」の開発は古くから盛んになされており, 子どもの学習へのモチベーションを高める工夫も, 教育研究の大切な一領域として古くから積み重ねられてきたといえます。

　文字だけの本を教材としていた時代から, 挿絵の入った教科書, そして現代は, ICT も含めた多様な副教材を併用しながら, 子どもたちの「興味・関心」を高める時代となっています。学習内容のすべてが, 子どもの興味・関心を高めるものばかりとはいえませんが, 少しでも意欲的に学習できるよう, さまざまな形で「教材・教具」の工夫がなされています。

　教師にとって, 子ども自ら勉強がしたいとか, 勉強が面白いと思えるような授業を展開するためには,「教材・教具」の適切な選択と創意工夫が欠かせません。例えば, ひらがなやカタカナの読み書きで苦戦している子どもには, 五十音表のようなものを用意しても, なかなか文字に興味をもってくれないことがあります。でも, もしその子がアニメのポケモンが大好きな子どもであったなら, ポケモンのキャラクターを活用した「教材・教具」を活用することにより, 意欲的に文字を学習するようになるかもしれません（参照：3 章 31「大好きキャラクター

あいうえお表」)。配慮を要する子どもの指導において「興味・関心」は特に重要な要素であり，子どもの「興味・関心」を高めるような「教材・教具」の工夫は，子どもが主体的な学習や意欲的な学習へと向かうための重要な要件となります。

4)「安心・安全」を確保する

　日本の学校教育は，教科指導から給食指導，そして清掃指導に至るまで，さまざまな領域の指導をカリキュラムに位置づけ，丁寧に指導しているといわれています。このことは，教育の目的が，単に読み書き計算といったアカデミックスキルの獲得にとどまらず，さまざまな体験を通して全人格的な発達を促すことを目指すとされているからです。教師は，単に知識や技能を伝えるだけにとどまらない，さまざまな経験の場を子どもに用意していく必要があります。

　全人格的な発達支援のために，子どもの心とからだの「安心・安全」を確保することは大前提となります。例えば，学校で何らかの理由で情緒が不安定になり，学習に参加できない子どもがいた場合，その子どもを教室内の個別ブースに緊急避難させることがあります。しばらくの間，薄暗いブース内で感情のクールダウンを図り，落ち着いてから自分の席に戻って学習を再開させるというものです。この個別ブースはどこの学校にもあるというものではありませんが，特別支援学級や特別支援学校では，段ボール等で作った簡易ブースが，「安心・安全」を促す「教材・教具」の一つとして使われています。また，刃物や危険な工具を扱う授業では，事前に注意事項を伝えることはもちろんですが，補助具を使用して刃物や工具で怪我をしないようにします（参照：5章66「あんぜん君」）。子どもが危険を回避するためにも，さまざまな「教材・教具」の工夫が求められます。

5）多様な目的へ活用する

　「教材・教具」には多種多様なものがあり，それぞれに特性を備えています。そして，その特性を活用して多様な指導が展開されています。

　例えば，手指の巧緻性を必要とする課題で苦戦している子どもには，市販の玩具が力を発揮する場合があります。なかでもレゴブロックは連結が比較的簡単にできるため，子どもが楽しく意欲的に取り組める「教材・教具」として多用されています。

　レゴブロックは，本来は複数の部品を組み合わせて造形遊びをするための玩具ですが，さまざまな色や形のブロックがあるため，学習のねらいや子どもの実態に応じて多様に活用できます。例えば，色や形の概念を学ぶ学習では，ブロックを色別または形別に分類する課題となります。また数量概念の学習では，数字とブロック数をマッチングする課題にもなります。

　このように，レゴブロック本来がもつ創造的な玩具としての使い方以外にも，多くの使い方が考えられます。同様に，これまで別の目的で使用してきた「教材・教具」も，本来の目的とは異なる特性を複数有していることがあります。つまり，「教材・教具」は，使い方しだいによって，さまざまな学習のねらいに合わせて活用することができるのです。

日本の伝統的な「福笑い」や「すごろく」（参照：3章34「いろいろなかおを作ってみよう」，3章41「なかよしすごろく」など）も，工夫次第で有用な「教材・教具」として利用できます。指導のねらいや子どもの実態に応じて「教材・教具」を開発したり使用上の工夫をしたりすることは，より適切な効率のよい指導を進めるうえで，重要な役割を担っています。

4 特別支援教育と教材・教具

1) 特別支援学校の教育課程と「教材・教具」

特別支援学校の学習指導要領（文部科学省，2017b）では，特別支援学校も小学校・中学校の教育課程に準じて教育課程を編成することとなっています。しかし，必要がある場合は特例として「各教科等を合わせた指導」が認められており，多くの特別支援学級や特別支援学校で取り入れられています。その結果，一つの指導単元において，複合的なねらいをもった指導が展開されることになります。

特に知的障害の子どもにおいては，生活に根ざした体験を伴う指導が有効であるとされていることから，小学部では各教科等を合わせた「日常生活の指導」や「遊びの指導」，「生活単元学習」といった指導が展開されています。また中学部や高等部では，「生活単元学習」以外にも，「作業学習」や「職業」等の各教科等を合わせた指導が展開されています。

例えば，「生活単元学習」の『コンビニで買物をしよう』という単元では，実際にコンビニエンスストアで買物体験をする事前や事後に，教師作成の「オリジナル学習シート」を用いて学習を行うことがあります。本単元が，算数科や国語科等，各教科等を合わせた指導の場合，ここで用いられる学習シートにも，支払いに関わるお金の計算（算数科）であったり，買物リストの作成や振り返りの作文（国語科）等，複数のねらいを促進するための仕掛けがなされます。このように，特別支援学級や特別支援学校で使用される「教材・教具」は，複合的なねらいを含む場合が多いといえます。

2) 一人一人の障害特性に応じた「教材・教具」

文部科学省（2017b）は，特別支援教育を「障害のある幼児児童生徒の自立や社会参加に向けた主体的な取組を支援するという視点に立ち，幼児児童生徒一人一人の教育的ニーズを把握し，その持てる力を高め，生活や学習上の困難を改善又は克服するため，適切な指導及び必要な支援を行うもの」と定義しています。

ここで重要な点は，「一人一人の教育的ニーズを把握し，……（中略）……，適切な指導及び必要な支援を行う」という点です。つまり，特別支援教育では，一人一人の特性に注目することが大前提とされ，その特性に応じた対応が求められるということです。

特別支援教育で用いられる「教材・教具」は，子ども一人一人の特性に配慮したものであることが重要です。特に近年は「合理的配慮」の観点から，子どもに合った既製の「教材・教具」

を使用したり，教師に過度な負担がかからない範囲で子どもに合った「教材・教具」を創意工夫することが求められています。

　特別支援教育の対象となる子どもは，日常生活や学習等において，障害ゆえのさまざまなつまずきをかかえています。また，その程度や質は，一人一人異なります。したがって，多くの場合，一人一人の子どもの実態に応じて，既製品の「教材・教具」に修正を加えたり，その他の補助具と組み合わせるなどの工夫をしながら使用することが必要です。また，部分的な修正等では，子ども一人一人の特性やニーズに十分に対応できないことも多く，その場合は，個別の「教材・教具」を作成することも少なくありません。

3）個に応じた自作の「教材・教具」

　「教材・教具」は，子ども一人一人の教育の目的や指導目標をより効率的に達成するためのものであり，子どもの実態に基づいて適切に選択したり作成したりすることが求められます。

　特別支援学級や特別支援学校に在籍する子どもには，障害特性や能力等に大きな個人差がみられるため，実際のところ，一つの教材を用意しただけで，それぞれの子どもの個別目標を達成することはむずかしいといえます。例えば，学級に漢字の読める子からまったく文字が読めない子までが含まれる場合を考えてみましょう。この場合，前述の『コンビニで買物をしよう』という単元の学習シートであれば，子どもの実態に応じて，①漢字交じりのシート，②ひらがな表記のシート，場合によっては③イラスト中心のシートなど，少なくとも2〜3種類のシートを毎時間用意する必要があります。このように，必要に応じて「教材・教具」を教師が自作することは，特別支援教育においては当たり前のこととなっています。

　多様な「教材・教具」の作成は大変手間のかかることですが，自作するからこそ，子どもの実態やニーズに応じた適切な指導ができるともいえます。いわば，「教材・教具」を自作することは教師の指導力の反映であり，まさに"教師としての腕の見せどころ"といえるでしょう。

　ただし，指導は毎日あるわけですから，一つの「教材・教具」作成に多くの時間をかけることはできません。もちろん高価なものを使うこともできません。「教材・教具」を自作する場合は，以下の3つの観点を考慮することが重要となります。

① **指導のねらいを明確に反映した「教材・教具」であること**

　何のための「教材・教具」なのかを意識し，その目的が十分達成される仕掛けを工夫することが大切です。例えば，「わかる」を促すための「教材・教具」であっても，さきの買物単元の学習シートのように，子どもの実態によってさまざまなレベルの仕掛けを検討することが必要な場合もあります。子どもに合った仕掛けを考え出すには，具体的な指導における分析力と想像力が試されることになりますが，その一方で，自作の「教材・教具」で指導のねらいが達成できたならば，この苦労も教師にとって「教育の醍醐味の一つ」といえるかもしれません。

② **作成に多くの時間や費用がかからない「教材・教具」であること**

　いくら立派な「教材・教具」であっても，それを作成するのに何日もかかったということで

あれば，そうしたものをいくつも作り続けることはむずかしくなります。同様に，作成費用が高額の場合も，気軽に作ることはできなくなります。したがって，身近にある日用品や廃材等を活用しながら，安価で手軽に作れる「教材・教具」の工夫が求められます（参照：1章8「マーカークリアファイル」など）。特に知的障害の子どもにおいては，生活に根ざした指導が求められることから，身近なものや材料を使って作成した「教材・教具」の方が指導が上手くいくことが多いようです。

　最近ではどの地域にも100円ショップのようなお店があり，そこには「教材・教具」を作成するヒントとなる材料がたくさんそろっています。「教材・教具」を作成しようとする先生方にとって，100円ショップは宝の山かもしれません。

③　シンプルで発展性のある「教材・教具」であること

　特別支援教育では，子どもの障害特性や能力等に配慮し，長期的な展望の下，スモールステップで段階的な指導を行うのが一般的です。この指導アプローチでは，AができたらB，BができたらCというように，具体的な指導目標を少しずつ変化させることにより，わずかなヒントや支援で「わかる」「できる」状況をステップアップさせていきます。

　このとき，「教材・教具」はシンプルであるほどベターです。シンプルであることは，子どもにとって「わかりやすい」ということにつながります。また，シンプルなだけに，指導のねらいに応じて必要な情報や支援の手掛かりを「教材・教具」に付加していくことも比較的容易となります。例えば，グロッケンでの演奏を考えた時，本校では子どもの実態に応じて，必要な音板だけを残し，それ以外の音板をすべて外して使用しています。通常ならば演奏の前に正しい音階や配列の学習が基盤となりますが，指導の目標を細分化し，まず必要な音板だけのシンプルグロッケンで演奏させ，その後に，学習の進行具合に合わせて，音板を増やしたり，さらには音板に音名を記したシールを貼るなどして，学習を深めています。子どもの「わかる」「できる」地点まで落とし込んだシンプルな「教材・教具」だからこそ，子どもたちが「わかる」「できる」を実感しながら学習を進めることができ，主体的・意欲的に学習をスタートさせることができるのです。さらに，いまある「教材・教具」を少し工夫することで，今後の発展的な課題にも対応が可能となるのです。

　このように，特別支援教育では，「教材・教具」はシンプルで発展性のあることこそが重要な要素となっています。裏を返せば，複雑すぎる「教材・教具」は簡単に修正することはむずかしいことが多く，限定的な場面でしか使用できないことが多いといえます。

[引用・参考文献]
・田中敏（1987）辰野千尋編，学習指導用語事典，教育出版，p.69
・柴田義松（2014）今野喜清・新井郁男・児島邦宏編，第3版　学校教育辞典，教育出版，p.246
・文部科学省（2017a）小学校学習指導要領解説・総則編，東洋館出版社
・文部科学省（2017b）特別支援学校幼稚部教育要領　小学部・中学部学習指導要領，東洋館出版社
・内山登紀夫（2006）本当のTEACCH：自分が自分であるために，学研
・中内敏夫（1990）新版　教材と教具の理論　教育言論Ⅱ，あゆみ出版
・日本教材学会（2016）教材学概論，図書文化

1章

ことば・かず

本章では，国語と算数に関する教材・教具を掲載しています。国語科の基礎的な力である「聞くこと・話すこと・読むこと・書くこと」を日常生活や学校生活のあらゆる場面を捉えて学んでいます。例えば，大型紙芝居やクリアファイルを活用した教材・教具もその一例です。同様に，算数科の基礎的な力である「数量や計算，形」といった領域の学習も，身近なものを活用し，具体的な操作や遊びなどのさまざまな体験を通しながら学習できるようになっています。

カテゴリー別フローチャート

START!

ことば・かず

数と図形 →

[数]

1 さがして，さわって

2 けいさんぽんぽん

[図形]

3 できる！ 輪ゴムボード

4 写真と実物を合わせて入れよう

概念 →

[分類]

5 仲間あつめ

読む・書く →

[読む]

6 大型かみしばい ～おおきなカレー～

7 図書室アドベンチャー　すごろく

[書く]

8 マーカークリアファイル

9 五感日記　日記

すごろく を扱った教材・教具

7	[1章] P.032	図書室アドベンチャー	
42	[3章] P.106	質問すごろく	
41	[3章] P.104	なかよしすごろく	
58	[4章] P.140	買い物すごろく	

日記 を扱った教材・教具

9	[1章] P.036	五感日記
45	[3章] P.112	ワクワクびっくり日記

1 さがして，さわって

ねらい
- 数唱，数詞，数字の学習に楽しく取り組む
- 数詞と数字が一致する

対象
- 数字を見て「いち」と言い始めたような，数字に興味をもち始めた段階

活動場面
- 数の学習場面

作り方

❶ iPadなどでアプリ「Keynote」を立ち上げて，スライドを新規作成する。

　※上の「＋ボタン」をタップして，「テーマを選択」から任意のテンプレートを選択します。スライドの追加は，左下の「＋ボタン」をタップします。

❷ スライドに数字や図形を入力する。

　※編集エリアをダブルタップするとキーボードが表示されます。
　※図形（オブジェクト）の追加は，上の「＋ボタン」をタップして，「🗗（図形を挿入）ボタン」から行います。
　※文字や図形の色を変えるときは，「図形（オブジェクト）」，上の「刷毛マーク」の順にタップします。

❸ 作成した数字や図形にアニメーションをつける。

　※「図形（オブジェクト）」，右上の「…」，「アニメーション」の順にタップします。下に表示される「ビルドアウトを追加」をタップ，「非表示」を選択，右上の「完了」をタップします。上の▶をタップしてから数字などをタップして消えることを確認します。
　※スライドは，PowerPointなどでも作成できます。

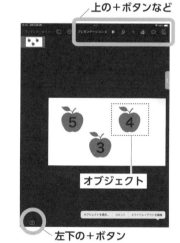

上の＋ボタンなど

オブジェクト

左下の＋ボタン

使い方

❶ スライドを大型モニター（テレビ）に出力する。

❷ 教師が数詞を1から順番に「いち」「に」……と読み上げ，子どもにモニター上の対応する数字に触れてもらう。

　※子どもが触れた数字が正しければ，教師が子どもから見えないようにタブレットをタップして，数字を消します。間違えた場合には，もう一度繰り返します。

※数詞と数字のマッチングが曖昧な子どもには，まず探す数字を画面上部に提示し，数字同士のマッチング活動を行い，その後，教師が数詞を読み上げ，数詞と数字を結び付けていくといったように，理解度に応じて行うこともできます。

活動レポート

○ 数唱ができるようになった次のステップとして

数唱ができるとは，数を表す言葉とその順番が正しくわかることです。

小学部の子どもが，数唱を「いち，に，さん，し，ご，ろく，しち，はち，きゅう，じゅう」とつなげて言えるようになり，「いち＝1」「6より4が前」といったように，数の系列についても理解が見られるようになってきていました。そこで，さらに数詞（読み）と数字（文字）を結び付ける学習の応用として，数字探しのゲームを考えました。

○ 日常生活において，数詞と数字の結び付きが見られた

触れた数字が動く，正解すると消えるなど，ICT を用いたことで子どもの注目度が上がり，意欲的に活動に参加する子どもが増えました。繰り返し取り組んだことで，日常生活においても「1」という数字を見て，「いちだ」と言うことができるようになるなどの定着も見られました。

しかし，回を重ねるごとに，数詞と数字への関心より「動くのが面白い」というのが強くなってしまった子どもが，画面の数字以外の場所を適当に触れようとすることがありました。教師は，画面の数字を消すには，読み上げた数詞の数字をタッチしないと動かない（消えない）ことを伝えたり，別のアニメーションをつけたりして数字に関心を戻す工夫が必要です。手間ですが，子どもの理解度に応じて設定できるという点は良いと感じます。

★実態に合わせた応用アイデア

「数を数える活動」や国語の「文字の学習」にも取り組み始めました。

(1) 数を数える活動
●の数に該当する数字に触れる。

(2) ひらがなマッチング
同じひらがなをよく見て探す。

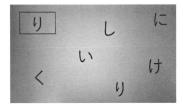

(3) ひらがな探し
音声に合わせてひらがなに触れる。

2 けいさんぽんぽん

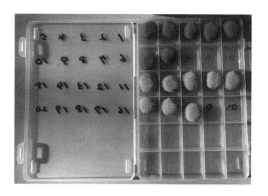

 ● 答えが 20 までの数の加法（特に1位数＋1位数の繰り上がりのある足し算）が理解できる

 ● 1位数＋1位数の繰り上がりのある足し算がむずかしい

 ● 算数の授業

作り方

用意するもの：仕切りのある透明なケース，手芸用のデコレーションボール（2色，各10個），油性ペン

❶ ケースの仕切りの底に，油性ペンで1から10までの数字を2回記入する（図1-1）。

※1位数＋1位数の繰り上がりのある足し算をする場合。

❷ ケースの蓋の外側に，油性ペンで20までの数字を記入する（図1-2）。

1	2	3	4	5
6	7	8	9	10
1	2	3	4	5
6	7	8	9	10

図 1-1　ケースの底
※蓋を開けた状態

1	2	3	4	5
6	7	8	9	10
11	12	13	14	15
16	17	18	19	20

図 1-2　ケースの蓋の外側

使い方

例）7 + 8 の計算の場合

❶ ケースの1番目の1の仕切りから順番に赤色のボールを7個並べる（図2-1）。

※被加数と加数とでボールの色を分けるとわかりやすいです。子どもたちにボールの色を2色選んでもらうと学習意欲も高まりました。

❷ ケースの2番目の1の仕切りから順番に水色のボールを8個並べる（図2-1）。

❸ 上（1番目）の10個の仕切りがすべて埋まるように，水色のボールを大きい数から順に移動する（図2-2）。

❹ ケースの蓋をして，答えを確認する（図2-3）。

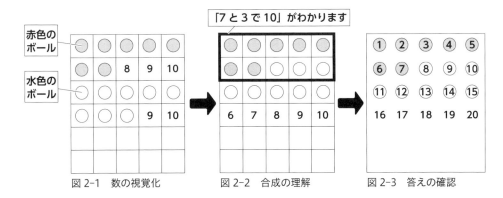

「7と3で10」がわかります

| 図 2-1　数の視覚化 | 図 2-2　合成の理解 | 図 2-3　答えの確認 |

赤色のボール　水色のボール

活動レポート

○ つまずきの見られた，繰り上がりのある加法

　小学部の「ことば・かず」の数と計算の授業で，答えが20までの整数の繰り上がりのある足し算や繰り下がりのある引き算を学習しました。

　例えば「7たす8」を計算する際に，8を3と5に分解して，7と3で10のまとまりをつくることがむずかしいようでした。

　言葉で説明するよりも，視覚的に理解を促せればと考えて本教材・教具を使いました。

○ デコレーションボールで視覚的にわかりやすく

　初回の授業では，ケースにボールを入れる操作に慣れてもらうために，2＋3などの被加数も加数も少ない計算から始めました。最初から2色のボールを5個順番に詰めて並べる様子も見られましたが，「やっぱり5だった」と答えがわかり，楽しそうでした。

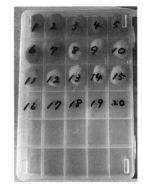

　2回目以降はボールの操作に慣れ，ボールを動かして答えを出す様子が見られました。数字の上にドットを自分で書いて，それを数えて答えを出していたときには，数え間違うこともありましたが，ボールをケースに入れることで間違いが減りました。

　2色用意したことも2つの数字を意識することにつながり，さらに10のまとまりを意識して考えられるようになってきました。

★実態に合わせた応用アイデア

　仕切りが30まであるケースでは，ケースの底に1から10までの数字を3回記入して1位数の「3つの数のけいさん」にも使えます。また，算数の授業だけでなく，3人で拾った木の実の合計を出したり，ゲーム3回戦の総得点を出すときなどにも使うことができます。

③ できる！輪ゴムボード

ねらい
- 手本を見ながら形を作ることを通して，形への認識力や手指の巧緻性を高める

対象
- 形を捉える力に課題がある
- 手指の巧緻性に課題がある

活動場面
- 算数，自立活動

作り方

用意するもの【1つ分】：コルクボード：2枚（15cm × 15cm，厚さ1cm程度），木材：1本（厚さ0.9cm ×幅0.9cm，長さ91cm程度），ダルマ型の画鋲・カラー輪ゴム（子どもに合わせて本数を調整），ボンド

❶ 使用したい大きさに，コルクボードを2枚切り出す。

※どの辺を示しても子どもから見える形が変わらない正方形がよいと思います。長方形だと，輪ゴムで同じ形を作ってもらおうとしても示し方によって，子どもから見て長い辺が手前だとできても，短い辺が手前だとできないといった可能性があります。

❷ 2枚のコルクボードをボンドで貼り合わせる。

※画鋲の針がコルクボードの底から飛び出ないようにするために厚さを増しました。

❸ コルクボードの端の補強のために，側面を覆える長さに木材を4本切る。

※例えば、正方形のコルクボードの側面の長さ＋木材の幅で4本切ります。

❹ ❷のコルクボードがくっついたらボンドを使って四辺に❸の木材を貼り付ける。

❺ 画鋲をコルクボードに刺す。

※コルクボードの画鋲を刺す位置に両面テープを貼り，そこに画鋲を刺すとはずれにくくなります。
※画鋲を刺す本数は，4本刺して四角形にしたり，3本刺して三角形にしたり，子どもに合わせて調整します。

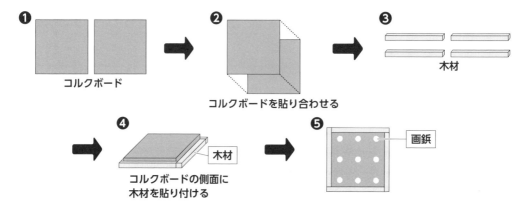

使い方

❶ 輪ゴムを画鋲にかけて，×印などの形の手本を作り，子どもに見せる。

❷ 子どもに手本通りの輪ゴムの形を作るように伝え，取り組んでもらう。

※子どもの取り組む様子に合わせて，もう一度手本を見せます。

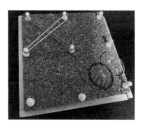

活動レポート

○ 形を捉える力・手指の巧緻性に課題があったAさん

Aさんは，数字の「2」の形を「さん」と言ったり，洋服のジッパーを締めることができなかったりするなど，形を捉える力や手指の巧緻性に課題がありました。そのため，本教材・教具で手本を見ながら形を作ったり，輪ゴムをつまんで画鋲にかけたりすることを通して，形を捉える力や手指の巧緻性の向上につなげたいと考えました。

また，Aさんは褒められると「馬鹿にしてるんでしょ」と言うことがあるなど自己肯定感が低い様子が見られていたため，成功体験を積める活動にしたいとも考えました。

○ 徐々に視覚的支援を減らして取り組めるように

はじめは，画鋲も輪ゴムも色付きのものを使用し，輪ゴムのかけ方の手本を見せるなど視覚的支援を多く取り入れました。かけ方がわからなくなったときは，もう一度手本を見せたり，かける場所を一つ一つ確認したりしながら毎時間取り組みました。

繰り返し取り組むことで，ひとりで輪ゴムをかけることができるようになり，本人も完成したときに自信をもって「できた！」と言うことが増えていきました。また，子どもの取り組み方の状況に応じて輪ゴムの本数を増やす，画鋲を白一色にするなど，一つずつ段階を上げることで，成功体験を積み重ねることができました。

★実態に合わせた応用アイデア

画鋲の位置や数を増やしたり，輪ゴムの色を一色にしたりなどと，子どもの取り組み状況を見ながら調整して，より難易度の高い課題にもできます。

コルクボードや木材に色を塗ったり，大きさを変更したりして，色覚に配慮したり，特定の色が好きな子どもの興味・関心を高めるなど，対象の子どもに合わせた教材・教具とすることも考えられます。

また，ひらがなや数字の形が作れるような画鋲の配置にすると，ひらがなや数字などの文字の学習につなげたりすることも可能だと思います。

4 写真と実物を合わせて入れよう

ねらい
- 写真・イラスト（平面）と実物（立体）のマッチングができる

対象
- 写真と実物をマッチングさせることがむずかしい

活動場面
- 自立活動，ことば・かずの学習

※参考文献：ノースカロライナ大学医学部精神科 TEACCH 部編，今本繁訳（2004）見える形でわかりやすく―TEACCH における視覚的構造化と自立課題，エンパワメント研究所

作り方

用意するもの：動物や乗り物などの形の消しゴム，無地のカード，ジッパー付きの袋，ラミネートフィルム，ラミネーター，カメラ，箱：3 個，はさみ

❶ 消しゴムとのマッチング用のカードを作る。

　① 乗り物などの形の消しゴムの写真を一つ一つ撮影する。

　　※他の情報を入れないために，写真の背景に何も写らないように撮影します。

　② カードに写真データを貼り付ける。

　　※発達段階に応じて 1 枚のカードに貼る写真の数を増やしてもよいです。

　③ カードをラミネート加工し，適当なサイズに切る。

❷ ジッパー付きの袋にマッチング用のカードを 1 枚ずつ入れる。

　※カードを入れた袋を 1 つの箱に入れます。別の箱には消しゴムを入れます。

パシャ！

トラック

使い方

❶ カードの入った袋のジッパーを開ける。

❷ カードの写真を確認し，❶の袋に該当する消しゴムを入れる。

❸ ジッパーを閉めて，フィニッシュボックスに入れる。

カード　　フィニッシュボックス　カードが入った袋　消しゴム

活動レポート

○ 写真とイラストのマッチングの次のステップとして

　担当する小学部の子どもたちは，同じ被写体を同じアングルで撮影した写真同士，同じイラスト同士のマッチングができるようになっていました。そこで，次の段階として，写真と実物，イラストと実物のマッチングができるようにと考えました。小学部なので，まず子どもたちがよく目にする「動物」や「乗り物」などを題材としました。そして，子どもの手で操作しやすいことから，100円ショップに売っているさまざまな形の消しゴムを使用することとしました。

　最初は，乗り物などの消しゴムを，正面から撮影した写真を使用しました。さらに，発展形として，正面からだけでなく，上・斜め・後ろなどと異なったアングルから撮影した写真も使用するようにしました。すると，実物をいろいろな角度から見たり，細部の違いに気づいたりしながら，実物と写真のマッチングができるようになってきました。

○ 楽しみながらマッチングに取り組めた

　取り組んだ子どもが乗り物が好きだったこともあり，初めは乗り物の消しゴムを使って行いました。やり方や意味がわかると，ひとりで黙々と取り組む様子が見られました。

　乗り物以外にも，果物や動物などでもマッチングできるようになりました。現在は，海洋動物（エイ，クジラなど）・学校にあるもの（はさみ，黒板消しなど）のさまざまな消しゴムを準備し，楽しみながら取り組めています。

★実態に合わせた応用アイデア ------------------

　子どもの発達段階に応じた応用・発展ができると考えられます。

① カテゴリー分けをする

　「くだもの」のようにカテゴリーの袋を用意し，そこに複数の果物の消しゴムを入れるという学習課題を設定もできます。消しゴムは，果物やスイーツなど，さまざまな種類が販売されているので，複数のカテゴリーの袋を準備し，それらを弁別していく活動も考えられます。

② 文字のみのカードを見て分ける

　文字の学習をしている子どもでは，文字のみ書かれたカードを作成し，文字に書かれた消しゴムを入れるという学習課題を設定できます。

③ 数の学習につなげる

　数の概念の理解を促すうえでも活用できます。カードに書かれた物の名前と数を見て，それに合わせて消しゴムを入れていくことで，数概念の学習につながります。

5 仲間あつめ

ねらい
- 簡単な分類ができる
- 学習を通して子ども同士で会話できる

対象
- 語彙が少ない
- 集団活動が苦手

活動場面
- 課題別学習，小集団での学習，概念の学習

作り方

用意するもの：コピー用紙，ラミネートフィルム，ラミネーター，マジックテープ，両面テープ，シール

❶ Word でカードとボードを作る。

①「絵カード」（縦3cm×横3cm）…食べ物や動物などのイラストや写真を属性ごとに10〜20枚作り，毎回，足したり減らしたりする。

②「おわりましたカード」（縦3cm×横6cm）…1枚作る。

③「選択ボード」（A5サイズ）…カードを貼っておくボードで，1枚作る。

④「分類ボード」（A5サイズ）…違う属性のものを4枚，それぞれA5サイズで作る。1枚に1つの属性の名前とそれを表すイラストを描く。

※①〜④のすべてをラミネート加工します。カードは，裏面にマジックテープのループ面を貼ります。ボードは，表面に横に2〜3列マジックテープのフック面を貼ります。

絵カード

選択ボード
おわりましたカード

❷ テレビ画面に映す問題と答えのスライドを作る。

※「最初の画面（もんだい）」「問題（分類してほしいイラストや写真)」「答え（分類ボードに「絵カード」が貼られたところ）」の3枚をセットにして，PowerPointなどで作ります。

マジックテープ

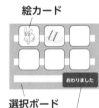

分類ボード
（4種類作る）

❸ シール台紙（A5サイズ）を作る。

最初の画面　　　問題　　　　答え

もんだい

スライド（3種類）　　　　　　　シール台紙

使い方

- 分類（仲間あつめ）をする（以下の①〜⑥を順番に繰り返す）。

① テレビ画面に「問題」（以下の例ではうさぎの写真）を映す。

② 子どもは「選択ボード」から「絵カード（うさぎ）」を選ぶ。

③ 選んだ「絵カード」を該当する属性の「分類ボード」に貼る。

例）　　うさぎの「絵カード」　　　　　　　　　　　　　　　　　　　　　　　　うさぎの「絵カード」

「選択ボード」から「絵カード」を選ぶ　　　該当する「分類ボード」を選ぶ　　　「分類ボード」に「絵カード」を貼る

④ 終わったら，「できました」と言って「おわりましたカード」を教師に渡し，「うさぎ，どうぶつ」のように言う（正しく名前と属性が言えれば正解）。

⑤ 正解したら，シールをもらい，シール台紙に貼る。誤答の場合は，教師が該当する「分類ボード」に「絵カード」を貼り直し，「うさぎは，動物」などと声に出して確認する。

⑥ テレビ画面の正解を見て，教師が「うさぎは？」と問い，子どもが「どうぶつ」と答える。

活動レポート

○ 属性の理解を深められて，さらに小集団での活動ができるようにしたい

　中学部の課題別学習（自立活動と各教科等を合わせた指導）で，絵カードをふだん用いて意思伝達している子ども3名で行いました。属性についての理解が曖昧なので，子どもたちが理解している写真などを仲間ごとに集める活動を通して，属性の理解を深めることにしました。また，友達と一緒に活動できる題材にして，友達とのコミュニケーションの経験を積んだりできる小集団での学習活動として考えました。

○ 属性の理解が進み，友達を気にかけるようになった

　正解を即時に確認したり，繰り返し実践したりすることで，各属性10～20個程度ですが，適切な属性に「絵カード」を集めることができるようになりました。

　また，一斉にテレビ画面に注目することで，友達の行動を気にかけるようになりました。例えば，友達が問題提示のテレビ画面に注目していないときに見るように促したり，自分が解答した後，友達の解答を待ったり，解答を促したりする様子が見られました。友達の分類ボードを見て，自分の解答を修正する場面も見られました。

★実態に合わせた応用アイデア ----------------------------

　「食べ物」をさらに細分化し，「野菜」，「果物」，「お菓子」といった属性へと学習を進めていきました。身近な事物の属性の理解を広げていくことができます。また，学習活動に友達と一緒に活動する場面を取り入れることで，「友達と簡単なゲームをする」という次段階の基礎となるルールの理解や他者とのやりとりの経験を積むことができそうです。

6 大型かみしばい ~おおきなカレー~

ねらい	● 小集団で楽しみながら絵を見たりストーリーを聞いたりできる
対象	● 話を聞く，絵に注目して見ることが苦手 ● 友達とのかかわりがむずかしい
活動場面	● 生活年齢別課題学習（各教科等を合わせた指導）

※絵本『おおきなかぶ（A・トルストイ再話・内田莉莎子訳・佐藤忠良画，福音館書店）』のストーリーをベースに作成したオリジナル紙芝居。

作り方

用意するもの：段ボール：大型冷蔵庫用の大きさ程度1～2枚，模造紙：8枚，画用紙，ポスターカラー，マジック，梱包用テープ（透明タイプ），布テープ，両面テープ付きマジックテープ（透明タイプ），ラミネートフィルム，ラミネーター

❶ 75cm × 75cm に切った模造紙に各場面の絵や背景を描く。

  ※本実践では，8つの場面を設定して，各1枚描きました。

❷ 70cm × 70cm（模造紙より小さめ）に段ボールを8枚切り出し，❶の模造紙をそれぞれテープで貼り付ける。

❸ 画用紙に登場人物やカレーの材料を描いて切り抜き，ラミネートをかけ，裏面にマジックテープのループ面を貼る。

❹ ❷の模造紙の中で，❸で作った絵を貼る部分に，マジックテープのフック面を貼る。

❺ 段ボールの裏面に横に半分に切ったA4サイズの封筒を貼り付け，❸で作った画用紙の絵をそれぞれ必要な場面の封筒に入れる（必要に応じて，ストーリーの文章を貼る）。

模造紙に絵を描く

画用紙の登場人物
などの絵

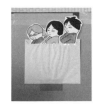

裏面に封筒を貼る

使い方

● 机の上に模造紙で作った「大型かみしばい」を乗せて順番に読み進め，場面に応じて登場人物やカレーの材料をかみしばいに貼っていく。

  ※カレーを作る（材料をお鍋に入れる）場面では，「カレーライスのうた」（作詞：ともろぎゆきお，作曲：峯陽）を歌いながらカレーの材料を貼っていきます。

≪ストーリー≫

　お昼ご飯にカレーライスを作ろうとしたら，カレーの材料がありません。困ったみんなは魔法の畑へ行ってカレーの材料を呼びました。すると，カレーの材料が畑から出てきます。じゃがいも，玉ねぎ，カレールー，豚肉と順番に抜いていきます。最後に，にんじんを女の子が抜こうとしても抜けません。男の子が手伝っても抜けません（順に人を増やします）。みんなで協力したらやっと抜けました。そして，収穫した材料を使ってカレーライスを作ってみんなで食べました（おしまい）。

活動レポート

○ 読み聞かせでより興味・関心を引き出したい

　小学部1〜3年生9名で行う生活年齢別課題学習の中で，読み聞かせを毎回行っていました。お話を楽しみにしている子どもも多く見られました。そこで，子どもにとって身近なカレーライスを題材に，仕掛けのある「大型かみしばい」を使うことで，絵やお話により興味・関心をもちやすくなると考えました。また，「おおきなかぶ」は，相手を呼ぶ，一緒にかぶを引っ張るなど，相手とかかわったり協力する場面が子どもにとって学びになると考え，ストーリーのベースとしました。

○ 声を出しながら意欲的に読み聞かせに参加

　大型のかみしばいなので，よく見えて，注目しやすいように感じます。そのため，お話に参加している実感が高まり，みんなで協力してにんじんが抜けると「やったー！」と喜ぶ様子や，できたカレーライスをかみしばいの近くに来て食べるまねをする様子も見られました。また，自分たちで登場人物や出てくる材料を操作したいという発言も多く見られました。

★実態に合わせた応用アイデア

　登場人物を子どもたち本人の写真や自画像などにすると，より身近に感じることができると考えます。助けを呼ぶ場面で子どもが「手伝って」とセリフを言い，呼ばれた子どもは返事をして，かみしばいに自分の写真を貼っていくなどの活動を行うことができると思います。

　また，子どもが好きな別の絵本の内容をベースに，身近な物に置き換えるなど，実態を考慮したストーリーにするとさまざまなパターンの「大型かみしばい」を作ることができます。

7 図書室アドベンチャー

ねらい
● すごろくの活動を通して，図書室の利用や，読書への興味・関心をもつ

対象
● 画像を見て，実物を探すことができる

活動場面
● 図書室

作り方

用意するもの：コピー用紙，ラミネートフィルム，ラミネーター，マジックテープ，サイコロ，すごろくのコマ（人数分），シール

❶ すごろくのスタートからゴールまでのマス目を作成する。

※ Word で作成し，大型プリンタで A1 サイズに拡大印刷しました（印刷サイズは，適宜調整してください）。

※マス目の中に，いくつか「本のマス」を設定します。

❷ 「本のマス」にマジックテープ（ループ面）を貼る。

※子どもの発達段階に合わせた本や季節に合わせた本などの表紙の画像を入れ替えて貼ることができるようにします。

❸ 図書室にある本から，「本のマス」に入れたい本を選定する。

❹ 選定した本の表紙の写真を撮って画像データにする。

❺ ❹の画像データを印刷して，ラミネート加工し，裏面にマジックテープ（フック面）を貼る。

※出来上がったら「本のマス」に貼ります。

❻ シール台紙を用意する。

※必要に応じてシールを貼れるマスを増やして作成します。

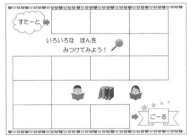

パシャ！

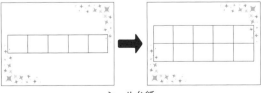

シール台紙

＜ここがポイント!＞
○「本のマス」の大きさに合わせて，本の画像データを作成するとよいです。
○マジックテープを用いて本の画像データを貼ることで，繰り返し活用できます。

使い方

❶ サイコロと人数分のコマを用意する。

❷ サイコロを振って，出た目の数だけコマを進める。

❸ 「本のマス」に止まったら，図書室内で該当する本を探す。

　※ひとりで探すのがむずかしい場合は，本を探すヒントを教師が
　　伝えたり，一緒に探したりします。また，友達が一緒に探してくれたり，「〇〇の近くにあったよ」
　　などヒントを伝えたりする場面がありました。二人一組などになり，グループ対抗にして，どのグ
　　ループが一番早くゴールできるか，ゲーム要素も取り入れることもできると思います。

サイコロ　　　コマ

❹ 本がみつかったら，シール台紙にシールを貼る。

　※該当する本を探せたかの確認は教師がしました。本を探せたら教師からシールを１枚もらい，台紙
　　に自分で貼ったり，自分で貼るのがむずかしい子どもには教師が貼ってあげたりしました。

❺ ゴールするまで，❷〜❹を繰り返す。

活動レポート

○ 図書室や本に興味をもってもらいたい

　本校では，数年前から少しずつ環境整備がされ，学校内に図書室が設置されました。子どもの図書室活用に向けて，楽しみながら図書室を利用したり，本を見たりすることができるよう，図書室内でのすごろくを考えました。

○ 少しずつ，本を読んだり借りたりする活動へ

　初めはすごろくをすることに楽しさを感じて活動する様子もありましたが，取り組むうちに，図書室のどこに本があるのか予想して探したり，どんな本なのか内容が気になったりする様子が見られるようになりました。みつけた本の近くにあった本に興味をもったり，同じ作者やキャラクターの本を集め始めたりする子どももいました。

　「楽しいから図書室へ行ってみよう」ということも大切です。そこから少しずつ，図書室で本を読んだり借りたりするように展開していくと，読書の推進につながっていくと思います。

★実態に合わせた応用アイデア ---------------------------

　すごろくを通して本に興味をもつだけでなく，「本のマス」の本を実際に借りて読むことで，より本への関心が深まります。子どもが「本のマス」の本を読んだら，ポイントシールを渡し，複数ポイントが貯まったら表彰することもできます。さらに，すごろくのマス目を利用し，子どもが読んだ本の画像をスタートから１冊ずつマス目に貼り，ゴールをめざす取り組みもできます（12マスあるので，「１か月に１冊読もう」という目標設定も可能です）。

----

8 マーカークリアファイル

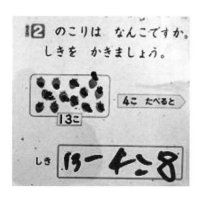

ねらい	● 大きい文字を書くことで, 文字や計算の学習がスムーズにできる
対象	● 書くことを嫌がる ● 鉛筆での書字がむずかしい
活動場面	● 算数の時間

※算数のプリントは, 正進社『算数フォーカステスト』を使用しています。
※参考教材：トレースくん（TOSS 特別支援教育研究会制作, https://www.tiotoss.jp/products/detail.php?product_id=2946）

事前準備

用意するもの：A4 サイズのクリアファイル：学習プリントの枚数分用意する（透明タイプ, 100 円ショップで購入）, ホワイトボードマーカー, ティッシュペーパーまたはマーカー消し, 学習プリント

❶ 市販されている A4 サイズのクリアファイルを用意する。

❷ クリアファイルの中に学習プリントを 1 枚挟む。

※学習プリント 1 枚に, クリアファイル 1 枚を用意します。

※1 枚のプリントにのせる問題数や記入欄の大きさなどは子どもに合わせて設定します。

❸ ホワイトボードマーカーとティッシュペーパー（またはマーカー消し）を用意する。

使い方

❶ クリアファイルに挟んだ学習プリントを子どもに配る。

※本実践では, 5 段ボックスなどに 1 枚ずつ入れておき, 子どもが 1 枚ずつ取り出していきます。

❷ 子どもは, ホワイトボードマーカーでクリアファイルの上から答えを書く。

❸ 間違えたときには, ティッシュペーパーやマーカー消しで消して書き直す。

※子どもが 1 枚書き終えたら, 次のファイル（学習プリント）に取りかかるように促します。

活動レポート

○ 鉛筆での書字が苦手な A さん

　微細運動（手や指先, 腕や足を使う細かい運動）を苦手としている子どもの中には, 鉛筆を持って字を書くことが困難な子どもがいます。微細運動が苦手な A さんは, 鉛筆

でも書くことはできますが，マーカーだと太い字が書けるので，ホワイトボードマーカーを使えば，大きく太い字を書くことができると考えました。また，鉛筆だと，消しゴムでごしごし消さなくてはいけないですが，ホワイトボードマーカーは間違えてもティッシュペーパーやマーカー消しでさっと消すことができるので，間違いを気にせず学習できます。子どもが自分で書いたり消したり，楽しく学習に取り組めるように，この「マーカークリアファイル」を導入することにしました。

○ 算数の学習プリントにスムーズに取り組めた

　Aさんは「マーカークリアファイル」を使うと，ホワイトボードマーカーで大きく文字を書くことができたり，足し算の計算に使う○（半具体物）を自分でかいて数えて学習できたりするようになり，ひとりで計算ができるようになりました。

　「マーカークリアファイル」に挟む学習プリントは，イラストを上からなぞってかくことができたり，数を数えるときに○（半具体物）をかき込めたりできるスペースがあるものがよいです。図1の左の写真の算数の引き算の学習プリントは，13個のイチゴがイラストで示されているため，イチゴのイラストに印をつけて，数を確かめながら学習できました。右の写真の学習プリントでは，○（半具体物）をもとの数分実際にかいて，その数から引く数分消していくことで答えを出すことができます。子どもの実態に合わせ，子ども自身で課題に取り組めるよう，学習プリントに工夫できるとよいです。この子どもは間違えていますが，すぐに消して直すことができました。また，「マーカークリアファイル」を学習プリントの枚数分用意することは，1単位時間の学習でファイル5枚できたら終わりなどと，見通しをもたせるうえでも有効でした。

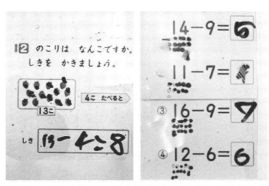

図1「マーカークリアファイル」に挟んだ引き算の学習プリント

★実態に合わせた応用アイデア

　本教材・教具は学習プリントを上からなぞることができて，すぐに消すこともできるので，ひらがななどの文字の学習にも使えます。

9 五感日記

☆発見したこと、気づいたことを書きましょう

見えた	
聞こえた	
かいだ・におった	
味わった	
さわった・感じた	

ねらい
- 見聞した事象の整理ができ、具体的なエピソードをもとにした感想が書ける

対象
- 活動を思い出すことが苦手
- 自分の考えをまとめづらい

活動場面
- 学校行事や校外活動の振り返り、総合的な探究（学習）の時間、日常的な記録

※「五感日記」の中の人物のイラストは、Drops（ドロップレット・プロジェクト）より使用しました。

作り方

用意するもの：コピー用紙（A4 サイズ）、ファイル

❶ 「五感日記」の用紙を作成する。

※ Word で作成しました。

※必要事項

① 日付・天気：時間帯などを書いてもよい。

② 今日の出来事：活動名や場所について記載する。

③ 五感の表（五感で整理する欄）：見えた、聞こえた、かいだ・におった、味わった、さわった・感じた、それぞれの欄を設ける。

④ 感想：五感の表に書き出したことから一番印象に残っていることを子どもに書いてもらう。

⑤ 教師からのコメント欄

❷ 日記を綴るための専用のファイルを準備する。

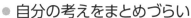

使い方

❶ 年度始めなどに五感について学習する。

❷ 教師は活動の前に、後で「五感日記」を記入することを子どもに伝える。

※日記の用紙を配付したり、子どもに五感に注目しながら活動するように促します。

❸ 「五感日記」の用紙に、活動中のエピソードを書く。

※五感の表に書いたことで特に印象に残ったことを感想欄に書いてもらいます。表で整理した言葉に「楽しかった」などをつけ加えるだけでもよしとします。文章を書くことがむずかしい子どもは、教師と一緒に考えてつまずきを解消していました。

❹ 教師と一緒に記録内容について確認する。

※教師は，子どもが発見したエピソードに共感したり，活動しているときの印象的な行動について追記したり，コメントを書いたりします。

❺ 専用ファイルに綴り，振り返り活動時に適宜活用する。

※修学旅行報告会で発表する内容を決める際，「五感日記」を読み直して，その中で一番印象に残っているものやみんなに伝えたいエピソードを選んでもらいました。

活動レポート

○ 活動後の振り返りでより具体的な感想を引き出したい

校外での活動や修学旅行などで振り返りを行うと，「楽しかった」「また行ってみたい」などの，漠然とした感想を述べる子どもが多く見られました。そこで，何をどんなふうに感じたり学んでいるか，本人にきちんと認識してもらうために，より具体的な記述を引き出したいと考え，この教材・教具を作成しました。

○ 「五感日記」をもとに，子どもの振り返りを仲間と共有できた

1単位時間ごとの振り返りとして，おもに校外活動（見学・散策・ごみ拾いなど）の振り返りで活用しました。また，修学旅行では，しおりの中に「五感日記」のページを設け，毎日記入してもらいました。さらに，体育祭の全体（事前学習，準備・練習，本番当日）を通した振り返りで活用したり，作業学習や美術や体育，音楽などの単元や学期ごとの活動の振り返りでも活用しました。

印象に残ったエピソードを学級や学習集団の中で共有すると，「そんなふうに感じたのか」など，仲間のエピソードに興味をもつようになったと思います。また，印象に残ったエピソードを1つ選んで発表する際は，感じたことをいかに相手にわかりやすく伝えようか，工夫や改善を行う姿が見られました。

★実態に合わせた応用アイデア

「五感日記」を活用してみると，嗅覚や触覚（皮膚感覚）は記憶に残りづらいことがわかり，注目させたい場合は教師から注目を促すような言葉がけが必要でした。

「五感日記」は，写真を使うと書字が苦手な子どもでも活用できます。教師や子ども自身が印象的な場面を撮影し，その写真を五感の表で整理・表現します。振り返りで共有すると，より強く仲間の気づきに共感できたり，新たな発見を見いだしたりすることができました。教師にとっても子どもが何に興味・関心をもって活動したのかを知る材料になり，その後の活動の適切な支援に結び付けることができます。

☆写真を「よかった」「イマイチ」に分けましょう

	よかった	イマイチ
見えた		
聞こえた		
かいだ・におった		
味わった		
さわった・感じた		

五感の表（五感で整理する欄）の工夫例

2章

アート・スポーツ

・・・・・・・・・・・・・・・・・・・

　本章では，音楽と図工 / 美術および体育の学習で用いる教材・教具を取り上げています。その大部分は，知識・技能を高めるだけではなく，「わかる」「できる」「楽しい」学習を保証するための教材・教具です。アートやスポーツに親しむことは，子どもたちの情操を高めるとともに，自己表現の体験やストレスの解消を促します。その結果，子ども一人一人が各々の趣味や楽しみを発見し，日々の余暇活動を豊かにすることにつながります。

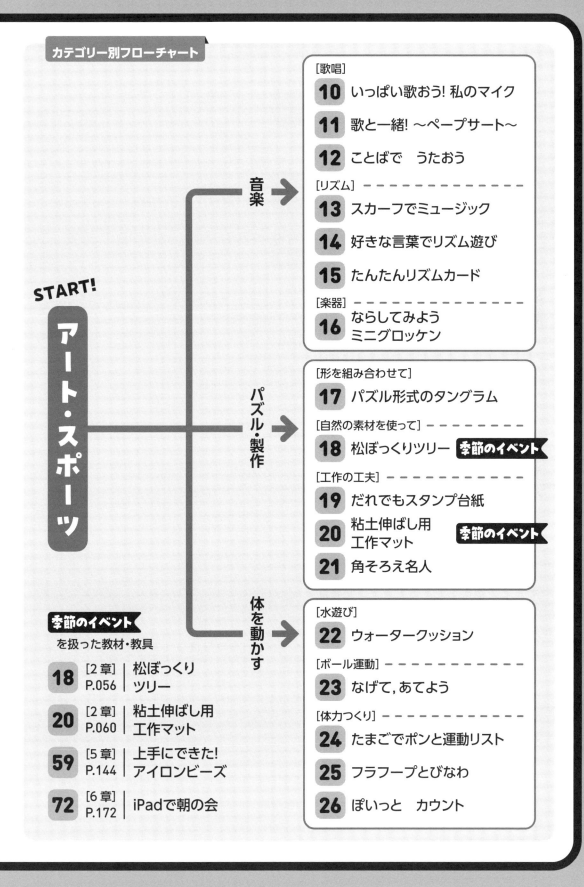

10 いっぱい歌おう! 私のマイク

ねらい	● 音楽を感じて，声を出す ● 声を出す活動への参加意欲を高める
対象	● 声を出す・歌う経験が不足していたり，抵抗があったりする
活動場面	● 音楽活動，会活動の司会，スピーチ発表

作り方

用意するもの：おもちゃのマイク：人数分，本人の顔写真か名前のシール（縦2cm×横3cm程度），マイクを装飾できるもの（キャラクターシールやラメリボンなど）

❶ おもちゃのマイクに本人の顔写真などを貼る。

※子どもが自分のマイクを識別できるようにします。

※マイクが気に入ると，他の子どもに渡せない様子が見られたため，一人一人に作りました。

❷ マイクを装飾する。

※教師が行ってもよいですし，子どもが自分で選びながら装飾しても楽しいです。

※子どもの好きなキャラクターやラインストーンのシール，リボンなどで飾ります。

※ビーズなどは，マイクが握りにくく取れやすいため使用しませんでした。また，モールは針金が入っており，子どもの肌に傷がつくことを避けるため使用しませんでした。

使い方

❶ 音楽活動に取り組む前に「私のマイク」を手渡す。

※マイクを教師が作って初めて渡す際は，物陰や袋からチラチラと見せ，興味をそそるようにしながら渡したり，「今日は特別に良いものを持ってきたの」ときれいなプレゼントボックスに入れて渡したり，手だけを入れて，入っている物は何かを触って当てるお手製のマジックボックス（段ボールボックスの側面に排水溝のゴムパッキンを付けたもの）などに入れたりすると，「何かな？　お菓子？」などと盛り上がりました。

❷ 声を出したり歌ったりするときに「私のマイク」を使う。

※ほとんどの子どもは喜んでマイクを持って歌ってくれるので，声を出すことや歌うことを促す工夫は特に必要ありませんでした。どの子どもも動画視聴の経験などで「マイクを持ったら話したり歌ったりするもの」と使い方を知っていました。たまにマイクを持っても歌えないときは，教師が少し離れて向かい合い，一緒に歌ったり話したりしました。

活動レポート

○ コロナ禍を経て，声を出して歌う経験が不足

　小学部の1・2年生の音楽活動の授業で，本来であれば声を出してほしい題材も，感染症予防のために「声を出さないで，よく聴いてね」と鑑賞として取り扱う期間がありました。その後，少しずつ感染対策を行いながら歌うことが可能になったとき，これまで声を出す経験がなかったため，すぐには声が出ませんでした。

　以前の勤務先で，お誕生会などで飾り付けたマイク（本物）を渡すと喜んで発表する様子を見かけて以来，お楽しみ会や発表でもおもちゃのマイクを使って発表を楽しんでいました。そこからヒントを得て100円ショップのおもちゃのマイクを渡してみたところ，ふだん発語のない子どもが歌い出したのです。「恥ずかしい」と最初は断っていた子どもも，自分の顔写真やお気に入りのキャラクターシールやラメリボンなどが付いていると思わず手を伸ばし，自分専用のマイクでうれしそうに声を出してくれました。

○ 「私のマイク」で歌声を引き出した

　Aさんは，話したり歌ったりすることに苦手意識をもっていました。しかし，マイクを持つと口元に近づけて小さな声で歌っていました。注目されるとやめてしまうこともあり，人を気にせず，歌う楽しさを感じてほしかたので，歌い出したらそっと見守りました。現在は，相変わらずみんなの前で発表することや歌うことに消極的です。しかし，マイクなしでもみんなと一緒だと歌えるようになってきました。着替え用の個人スペースやお手洗いでは，習った歌をひとりでのびのびと歌う様子が見られました。

　Bさんは，ふだん発声はあっても発語がほとんどありません。しかし，楽曲の「海」を歌唱教材として取り扱った授業でマイクを持つと，音楽に合わせて「うみは　ひろいな　おおきいな～※」と明瞭な発音で歌い出しました。とても美しい歌声でした。現在は，気に入った曲をマイクがなくても歌うようになりました。お化けの歌を歌うときは不安なとき…，などと歌でBさんの気持ちがわかるときがあります。

※作詞：林柳波，作曲：井上武士，JASRAC 出 2402251-401

★実態に合わせた応用アイデア----------------------------

　教室の会活動の司会やスピーチ発表の際に活用することができます。聴覚障害のある子どもたちや幼稚園の子どもたちは，司会やスピーチ発表のためにマイクを使用することが多かったです。100円ショップで，マイクと一緒にラメの蝶ネクタイも準備すると大喜びで身に着けて活動してくれました。人前で話すことが苦手な子どももマイクがあると抵抗感を軽減しやすいため，ぜひ試してみてください。

歌と一緒! ~ペープサート~

 ● 歌詞を理解し，曲の一部分や全部をまねて歌うことや表現することができる

 ● 言語理解がむずかしい

 ● 手遊び，音楽（歌唱）の授業，朝の会・帰りの会，集会活動

※本実践でのペープサートは以下の絵本と動画より作成しました。
・絵本『どんぐりころころ（絵／真珠まりこ，ころころえほん 2018 年 10 月号，フレーベル館）』（現在，フレーベル館に在庫はございません）
・動画『らーめん（手遊び）（YouTube ゆめあるチャンネル，https://www.youtube.com/watch?v=pyK8_Dq8lJ8）』

作り方

用意するもの：歌詞に出てくるイラスト，ラミネートフィルム，ラミネーター，マグネット

● 歌唱の授業で使う動画や絵本のイラストをコピーし，ラミネート後マグネットを貼る。

※「どんぐりころころ」では「どんぐり」と「ドジョウ」のペープサートをリバーシブルにして，表面は笑顔に，裏面は泣き顔や困った顔にしました。また，背景となる山や池を描いて準備しました。

※「らーめん（手遊び）」では，動画に出てくるラーメンのペープサートと同じイラストをコピーしたマッチング用のシートを黒板に準備しました。

使い方

❶ 教師が子どもにペープサートの操作の手本を見せる。

※例えば，「どんぐりころころ」では，黒板などに背景を貼って，歌詞に合わせてどんぐりが山から転がる様子や池に落ちる様子などの手本を見せました。

❷ 子どもは教師の範唱と促しでペープサートを操作する。

活動レポート

○ 発声・発語のない子どもにも，歌詞に関心をもってもらいたい

　小学部 1・2 年生の音楽（歌唱）の授業で使用しました。言語理解や発声・発語が未発達の子どもの多くは，音声だけの鑑賞や教師の範唱にはあまり興味を示しません。

　「言葉の理解がむずかしい子どもにも歌に関心をもってもらい，『歌唱』につながる知識である歌詞理解を深めたい！」と，ひらがなの字幕がある動画や絵本を使用しました。しかし，動画の歌詞は速くて聞き取りにくく，字幕の読めない子どもは歌詞を間

違って歌うこともありました。発声・発語のない子どもは歌うことができないため，内容を理解しているのか確かめることもできません。また，歌に合わせた手遊びは，歌のみよりわかりやすいように思えますが，経験が少なく語彙も獲得していない子どもが歌詞や振り付けと実物を結び付けて理解しているのか疑問でもありました。

そこで，歌詞に合わせたイラストや写真のペープサートを作成しました。

○ ペープサートで歌詞を表現

「どんぐりころころ」では，子どもが歌詞に合わせてペープサートを表にしたり裏返したりして場面に合った表情を選び，背景の山や池の前で動きをつけながら掲示してくれました。「♪どんぐり　ころころ〜」と童謡が聞こえると，山の斜面に沿って，どんぐりを回転させたり，「♪ないては　どじょうを　こまらせた〜」の部分では，自分も悲しい顔をしたり，情感たっぷりにペープサートを動かす子どももいました。曲の雰囲気をしっかりと捉えて表現してくれていることが感じられました。

「ラーメン〔手遊び〕」では，ペープサートを見せながら，各ラーメンのポーズを確認しました。「わかめラーメン」のポーズでは，手首をだらりと下げてぶらぶら揺らす海藻のポーズなどをていねいに確かめました。教師が歌いながら手本を示すよりも，動画視聴とペープサートを同時に使用したほうが早く覚えられました。

歌詞の内容を理解すると，聴くことから歌うことへと興味が移っていく子どもも現れ始めました。「らーめん（手遊び）」の曲では，給食の献立がラーメンだった日に，「先生，今日の給食はラーメンだね。♪らーめん　らーめん　つーるつる♪」と話しかけてくる子どもがいました。

いずれも，子ども自身が，歌詞の内容に合わせてペープサートを操作する様子を見ることができました。歌詞の言葉や内容を理解していると評価できます。

★実態に合わせた応用アイデア

「ラーメン〔手遊び〕」のペープサートは「生活科を中心とした合わせた指導」の中で，カップラーメンの買い物や調理を行う単元と同時期に学習することによって，実際の買い物の際にラーメンの種類に注目する様子が見られました。また，授業の導入に「♪らーめんらーめん　つーるつる♪」と歌を取り入れ，これから始まる授業に見通しをもたせたり，自分たちが以前に体験したことや既習事項を思い出すことと結び付けたりすることもできました。

今年は特に暑い夏でしたが，朝の会の歌として「らーめん」を「そうめん」にして歌うクラスがありました。さまざまな麺類の替え歌を作っても面白いかもしれません。

12 ことばで うたおう

ねらい
- 歌詞を追いながら楽しく歌うことができる

対象
- 注視や追視することがむずかしい
- ひらがなの読みや語彙を習得中

活動場面
- 音楽活動

作り方

❶ **歌いたい楽曲を決める。**

※今回は次の楽曲を使用しました。
　楽曲：春の小川
　作詞：髙野辰之
　作曲：岡野貞一

❷ **歌詞のスライドを作成する。**

※ PowerPoint や Google スライド, Keynote などのプレゼンテーションソフトウェアで作成します。

※曲の始めから順番に, 歌詞を 1 ～ 2 つの単語ごとにプレゼンテーションのスライドにテキストで挿入します。

※前奏部分や曲の 1 番と 2 番の間などにある間奏部分には, 空白のページを挿入します。

使い方

❶ **曲を流しながら, 歌詞のスライドを子どもたちに見せる。**

① テレビなど, 子どもたちに提示できるディスプレイとパソコンなどのデバイスをHDMIケーブルなどで接続し, 作成したスライドをディスプレイに映し出せるようにする。

② ディスプレイに正対した位置に椅子を並べ, 子どもたちはそこに座る。

③ CD プレーヤーやパソコンで曲をかけ, 曲と歌詞とが合うように子どもたちにスライドを見せる。

❷ **ディスプレイに映し出された歌詞を見ながら一緒に歌う。**

※単元の始めには, まずは範唱を聞きながら, スライドを見る時間を取りました。また, 最初の授業では, 歌の 1 番のみ取り扱い, 次の授業では, 2 番のみを取り扱う, 次は 1 番と 2 番を通して歌う, といったように子どもの実態に応じて, 徐々に慣れていくように, 繰り返す機会を設定すると, 一つ一つの言葉をより大切にして指導できると思います。

活動レポート

○ 歌詞を追うことのむずかしさ

この教材・教具を作成したのは，注視する力が弱く，自分の視界に入った分だけの情報しか捉えられなかったり，提示された全体のあちこちに視線が向いたりする子どもを担当したことがきっかけでした。それまでは，歌詞を1枚の大きな模造紙に，すべて書いて掲示していたのですが，その子どもにとっては，次の言葉・次の行へと視線を移していくうちに，歌詞を追いかけるのがむずかしくなってしまっていました。

また，同じ学級内には，語彙力がまだ十分でなく，スムーズな読みが苦手な子どももいて，1回で見て捉えられる言葉を提示することに加えて，言葉のまとまりを捉えて読みながら歌うことができるよう，この「ことばで うたおう」を活用しました。

○ 歌詞に登場する言葉がわかり，歌うことをより楽しめるように

音楽の時間に，昨年度までにすでに活動で歌ったことのある歌を「ことばで うたおう」で取り扱ったところ，「○○って言っていたんだ！」と改めて歌詞にどんな言葉が出てくるのかに気がついて歌う姿が見られるようになりました。もともと音を模倣して声に出すのは自然とできている子どもでしたが，音に合わせて言葉がはっきりとしてきて，より歌うことを楽しむ力が身につきました。

また，音声言語で指示するよりも，黒板などに文字で書いて指示をしたほうが行動につながりやすい子どもでは，「ことばで　うたおう」を繰り返し活用するうちに，すっかり歌を覚える様子も見られました。校歌や文部省唱歌などには，子どもたちにとって聞きなじみのない，少しむずかしい言葉が出てくることもありますが，歌いながら言葉に注目できている分，「○○ってどういう意味？」とさらに発展して考える姿もありました。

★実態に合わせた応用アイデア ------------------------------------

歌詞のすべての理解はむずかしくても，キーワードについては，言葉に合わせてイラストと一緒に提示すると，言葉の意味を知る機会につなげられます。また，子どもが情報を一度（1画面）で把握できる量や，いま身についている，またはこれから身につけさせたい言葉の力などによって，スライドに提示する文字情報を変化させることができます。例えば，ひらがなを身につけさせたい段階の子どもには，すべてひらがなで助詞と名詞の間に空白や改行を入れ，1ページに1語程度のスライドを作成しています。漢字やカタカナを含んだ文で言葉を捉えられるようになってきている子どもには，漢字やカタカナも入れて，1ページに3語程度のスライドを作成することもできます。音楽の歌う活動で活用した教材・教具ですが，国語の音読など，声に出して読む場面ではさまざまな活用ができるのではないかと思います。

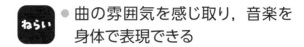

ねらい ● 曲の雰囲気を感じ取り，音楽を身体で表現できる

対象 ● 身体表現が苦手

活動場面 ● 各教科等を合わせた指導，音楽活動

※参考文献：日野原重明監修，篠田知璋・加藤美知子編（1998）［標準］音楽療法入門（上），春秋社
日野原重明監修，篠田知璋・加藤美知子編（1998）［標準］音楽療法入門（下），春秋社

作り方

用意するもの【1人分】：布：綿生地2色（2枚），ナイロン生地1〜2枚，楽曲

❶ 歌詞に対応するような簡易楽譜を作成する。

※ Excel で，上段に歌詞，下段に歌詞に合わせて振る布と同じ色の印（○）をかきました。難易度を変えて2バージョン作りました。

※楽曲は次の楽曲を使用しました。

楽曲：おお牧場はみどり
訳詞：中田羽後
作詞：チェコスロバキア民謡
作曲：チェコスロバキア民謡

Version 1

おお	まき	ば	は	み	ど	り
くさ		のう	み	かぜ	がふ	く
おお	まき	ば	は	み	ど	り
よく		しげっ	た	も	の	だ	ホイ

Version 2

おお	まき	ば	は	み	ど	り
くさ		のう	み	かぜ	がふ	く
おお	まき	ば	は	み	ど	り
よく		しげっ	た	も	の	だ	ホイ
手拍子 掛け声

簡易楽譜　　　　　　© 中田羽後（教文館）

❷ 布を用意する。

※次の2種類の布を使用しました。

① 綿生地の布（参考寸法：52cm × 52cm）

※バンダナを使用しました。子どもにとってつかみやすく，2色（2枚）用意することで楽譜の色に対応させて布を動かすことができます。

② ナイロン生地の布（参考寸法：50cm × 60cm）

※1人当たり1〜2枚用意しました。ナイロンの生地は，綿生地より柔らかく，心地よい感触のため，動かし方によって綿生地の布よりも表現を工夫できる利点があります。

使い方

〜布の色を生かした表現の場合〜 （綿生地の布を2色（2枚）用意する。）

❶ 歌を歌いながら，子どもに簡易楽譜を見せる。

❷ 音楽に合わせて，簡易楽譜と同じ色の布を振る。

～布の柔らかさを生かした表現の場合～ （ナイロン生地の布を1～2枚用意する。）

● 音楽を聴いて，自分が感じ取ったまま自由に自分の体の前で布を動かす。

※一人一人自由に表現を工夫することができます。ナイロン生地の布の場合，両手で1枚の布を広げて動かしたり，左右に1枚ずつ持って上下，左右，あるいは円を描くように動かすことができます。活動前には，このような表現方法があることを伝え，演示しました。

活動レポート

○ 子どもが簡単に操作できる教材・教具で音楽を感じてもらいたい

中学部の音楽活動（各教科等を合わせた指導）の「身体表現」では，子どもたちは，リズムの特徴や曲の雰囲気を感じ取りながら，演示を見て一緒に体を動かしたり，友達と動きを合わせて表現したりする学習などをしています。

本授業では，拍の流れや曲の速度，リズムの特徴を体全体で感じ取ることができるように，子どもにとって簡単に操作できる教材・教具を用意したいと考え，「スカーフでミュージック」を導入しました。布で感じ取った動きを視覚化でき，また，教師と一緒に布を動かして，その速度やリズムの特徴を共有したりすることができます。

○ 身体表現活動に苦手さを感じる子どもも無理なく表現できた

教師が簡易楽譜を指さししたり，布の動かし方を演示したりすると，子どもたちも同じように，音楽を聴きながら表現活動を行うことができました。

子どもの実態に応じて，簡易楽譜のVersion 1を繰り返し取り組む方法と，Version 1とVersion 2の両方を取り組む方法を行いました。後者は，発展的な活動内容にしました。また，楽曲の速さを変化させたりしました。すると，音楽の特徴を感じ取ろうと以前よりも音楽を集中して聴く様子や，音楽の特徴の違いや表現の工夫を楽しむ様子が見られました。

布の感触を心地よいと感じ，布を使った音楽活動を好む子どもも多くいます。布を用いることで，身体表現活動が苦手な子どもにも配慮することができました。子どもたちからは，「手の動かし方で布の動きが変わって面白い」などの感想がありました。

★実態に合わせた応用アイデア ------------------------------

小集団での活動がむずかしい子どもの場合，教師とペアになりました。注目する場所も制限されますし，動きが予測できるので，安心して取り組めます。教師のほうから布を動かすと，子どもはその動きをまねて教師に向かって布を動かします。応答するような布の動かし方は，波のように感じられて，子どもにとって心地よい表現の一つとなります。椅子に座った状態でも十分に手を動かして表現を楽しむことができた様子でした。

----

14 好きな言葉でリズム遊び

ねらい	● 好きな言葉をリズムに乗せることで，友達と一緒に演奏ができる
対象	● 音符を見てリズムを打つことがむずかしい
活動場面	● 音楽活動（リズム遊びや合奏）

作り方

用意するもの：パソコン，タブレット

❶ 学習したいリズムを決める。

※本実践では「かえるのうた」に登場するいくつかのリズムを取り上げました。

❷ リズム譜（右図）を作る。

※1小節につき1枚（画面）のリズム譜を作ります。本実践では，keynote で作成しました。

四分の四拍子のリズム譜

① リズム譜に，子どもの興味・関心のある言葉を当てはめます。

例）A さんは「おにぎり」，B さんは「どらやき」など，子どもの好きなものを考え，音符の上にかなを1文字ずつ当てはめます。

② 空いたスペースにイラストや画像を入れます。

③ 音符の下には「たん」「うん」などのリズムをとる言葉を当てはめます。

※タブレットにリズム譜を表示すると，タップするだけで次々と楽譜を提示できます。紙に印刷したリズム譜は，横に並べると楽譜のようになるので，演奏したい曲があるときに活用できます。

使い方

❶ リズム譜を見せ，何の言葉が書かれているか答えてもらう。

❷ その言葉に合わせてみんなで手拍子を打つ（「おにぎり」ならば4回）。

❸ リズム譜に合わせて手拍子を打てるようになったら，打楽器に変更していく。

❹ 子どもが打てるようになったリズムを組み合わせて，メロディになるようにリズム譜を並べ，その曲に合わせて打楽器を演奏する。

活動レポート

○ リズムをそろえることがむずかしかった楽器演奏

　クラスには音楽活動に興味・関心の薄い子どもがいました。また「タンタンタン」と「タン」という言葉を使ってリズム打ちをしても，なかなかそろって演奏することができませんでした。みんなで楽しく取り組めて，音がそろうようにする方法はないかと悩みながら授業をしていました。

　このような状況で，子どもの好きな言葉（キャラクターや物の名前など）をリズムと関連付けると，興味・関心をもってリズム打ちや楽器演奏に取り組めるのではないかと考えました。また，何度も練習を繰り返して演奏できるようになるのではなく，「好きな言葉に合わせて楽器を鳴らしていたら，曲になっていた」という流れで学習を進めたいという思いから，この教材・教具が生まれました。

○ みんなで合わせて曲を演奏できるようになった

　簡単な「四分の四拍子」のリズムから始めました。

　今まで参加することのなかった子どもも，自分の好きなキャラクターのリズム譜になると，楽器をリズムのとおりに鳴らすことができ，最終的には自分の好きなキャラクター以外のリズム譜でもリズム打ちをし，みんなでそろって演奏することができました。

　一人一人の子どもの興味・関心のある言葉に合わせて，さまざまなリズム譜を作成しました。そして，みんながそろってリズムが打てるようになってきた頃に，「かえるのうた」や「きらきらぼし」のメロディにリズム譜を並べ替えて提示しました。すると，自然と曲に合わせてリズムを演奏できるようになっていました。

★実態に合わせた応用アイデア

　今回は「四分の四拍子」のリズム譜を作りましたが，「三分の三拍子」など，学習したい曲に合わせてさまざまなリズム譜を作ることができます。楽しみながら，より複雑な演奏も可能になると思います。

　また，国語や社会などの授業で学習した言葉を用いてリズム譜を作ることで，それらの教科との関連を図りながら音楽活動に取り組むこともできると思います。

⑮ たんたんリズムカード

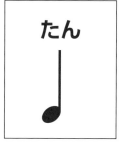

ねらい	● 掲示された音符を見ながら視覚的にリズムを学ぶことができる
対象	● 視覚的な提示のほうが言語での提示より理解しやすい ● リズムに合わせることが苦手
活動場面	● 音楽の授業

作り方

用意するもの：カードを作るための用紙（画用紙やコピー用紙など），はさみ，マジックなど，マグネットかマジックテープ

❶「リズムカード」の大きさを決める。

※全体へ提示するものなのであまり小さくなりすぎないようにします。本実践では A6 サイズ程度の大きさで取り組みました。

❷ カードの用紙を❶で決めた大きさに切る。

※パソコンで作成する場合は，❶で決めた大きさで印刷してもよいですし，大きい紙に印刷して，決めた大きさに切ってもよいです。

❸ カードの表面に音符とその長さを表す言葉を音符の上に書く。

例）四分音符なら「たん」，八分音部なら「たた」，休止符には「うん」など。

❹ カードの裏面にマグネットやマジックテープなどを貼る。

※マジックテープの場合は，カードにフック面を貼り，カードを貼り付ける台紙にループ面を貼ります。

使い方

❶ 教師は「リズムカード」を数枚組み合わせ，ホワイトボードなどに順に貼って提示する。

❷ 教師はカードを指示棒などで順番に指し示し，子どもたちは，示されたカードのリズム打ち（手拍子）をする。

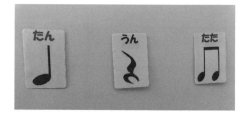

❸ 子どもたちがカードを1枚ずつ選ぶ。

❹ 子どもたちは，選んだカードを❶と同様に，ホワイトボードなどに順に貼って掲示する。

❺ ❹の子どもたちの選んだリズムで，リズム打ち（手拍子）をする。

活動レポート

○ 次の時間にはリセットされ，リズム打ちが定着しなかった

音楽の授業でよく行われる「リズム打ち」の学習で，「子どもたちは一生懸命取り組み，時間内でメキメキと上達！　しかし，次の時間にはすっかり忘れてまた一からやり直し……」ということがよくありました。

何とか今までの学習の成果を継続できる手段はないか考え，本校の子どもの特徴である「視覚優位」を生かした本教材・教具による支援を取り入れてみました。また，リズムを視覚的に捉えることで，リズムのパターンや法則性も理解できるとよいと考えました。

○ 全員でリズムをそろえられるようになった

音楽の授業で「リズムコーナー」を毎回設け，「使い方」で先述したような流れで取り組みました。リズム打ちのときに，授業者が「たんたん」，「たんうん」など指し示す音符の長さを表す言葉を口頭でも伝えながら行いました。最初は，子どもによってリズムがバラバラで，音がそろって聞こえることが少なかっ  たのですが，だんだんとリズムがそろうようになりました。そして，回数を重ねるごとにリズムがすぐにそろって，むずかしいリズムパターンでも音をそろえて鳴らすことができるようになってきました。

また，自分たちで音符を選ぶことが定着して，「今日はどんなリズムになるかな？」と楽しみにしている子どももいました。

★実態に合わせた応用アイデア

次の段階としてテンポ（速さ）や音の強弱を変えたりすると，さらに音楽の要素の理解につながると思います。授業でも，子どもたちがリズムに慣れてくると，終盤で「どこまで速くできるかな？」と，スピードアップにチャレンジするときもありました。

他にも，足やその他の体の部位を使って音を鳴らす「ボディーパーカッション」の学習にも応用できます。その際は「手カード」，「足カード」も活用すると視覚優位の子どもたちには，より理解が深まりやすいかもしれません（ただし，あまり掲示物が多いとどこに注目してよいかわからなくなる子どももいますので，実態に応じて調節してみてください）。

  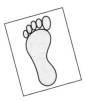

16 ならしてみよう ミニグロッケン

（写真提供：株式会社 鈴木楽器製作所）

ねらい
- 楽器に親しみながら演奏できる

対象
- 音に過敏
- 鳴らしたい音板を探して鳴らすことがむずかしい

活動場面
- 各教科等を合わせた指導，音楽活動

※参考文献：日野原重明監修，篠田知璋・加藤美知子編（1998）［標準］音楽療法入門（上），春秋社
日野原重明監修，篠田知璋・加藤美知子編（1998）［標準］音楽療法入門（下），春秋社

作り方

用意するもの：楽器（ミニグロッケン），カラーシール，楽曲，長机

❶ 簡易楽譜を作成する。

※上段に歌詞，下段に階名を表記した簡易楽譜を Word で作成しました。また，階名は，子どもの実態に応じて，階名ごとに違う色のカラーシールを貼りました。そして，楽器の音板にも同じカラーシールを貼りました。

※楽曲は次の楽曲を使用しました。

楽曲：ゆかいな牧場　作詞：小林幹治　作曲：アメリカ民謡

JASRAC 出 2402251-401

❷ 楽器を用意する。

※以下の楽器を用意しました。演奏に使用する音板だけを残して，他の音板は取りはずせます。

ミニグロッケン　ソプラノ M S G -13

（株式会社 鈴木楽器製作所）

- 音域　幹音 13 音　$c^3 \sim a^4$（C64〜 A85）
- 材質　音板／スチール　本体／ M D F・プライウッド
- 寸法　幅 34cm ×奥行 11cm ×高さ 2.8cm
- 重量　615g
- 付属品　マレット

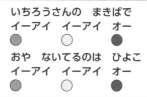

いちろうさんの　まきばで
イーアイ　イーアイ　オー
おや　ないてるのは　ひよこ
イーアイ　イーアイ　オー

簡易楽譜

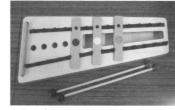

必要な音板だけ残して離して並べ，カラーシールを貼った状態

使い方

❶ ミニグロッケンの必要な音以外の音板ははずし，残りの必要な音板は離して並べる。

※本授業では，子どもにとって「できる」状況をつくるために，鳴らす音は，隣り合う音「シ」「ラ」「ソ」に限定し，この 3 音の音板を残し，他の音板ははずしました。

❷ 簡易楽譜を見ながら，音楽に合わせて演奏する。

活動レポート

○ 必要な音板だけを残すことで，演奏をサポート

　小学部の音楽活動（各教科等を合わせた指導）の「器楽」の活動で取り組みました。

　鍵盤打楽器を使用する場合，自分が鳴らしたい音をたくさんある音板の中から探すことは，子どもにとってむずかしいものです。また，鳴らしたい音だけでなく，隣の音板と一緒に鳴らしてしまったり，他の音板も鳴らしてみたくなったりします。力の加減がむずかしい子どもは，大きな音で鳴らしてしまいます。大きな音量や金属音の響きに抵抗がない子どもは大丈夫ですが，音に過敏な子どもは落ち着いて学習できません。

　そこで，鈴木楽器製作所の「ミニグロッケン」を活用しました。このミニグロッケンは，音板の取りはずしが可能で，必要な音のみを並べて使用することができ，音板に注目しやすいという利点があります。また，コンパクトなサイズなので，机の上や膝の上に置いたり，手に持ったりしながら演奏することができます。音量も通常のサイズの楽器に比べて小さめです。音に過敏だったり，音板に注目することがむずかしくても安心して演奏できます。

○ 音板や簡易楽譜に注目しながら全員で演奏できた

　簡易楽譜やミニグロッケンを活用したことで，演奏に必要な情報を整理することができたと考えます。

　小学部では，楽器そのものの音の響きや自分なりの表現を楽しむ子どももいますが，発達段階によっては，音板の音が何の音を表すのか，いつ鳴らすのか，興味・関心をもって学習をする子どももいます。どの子どもにも，「見て」「わかる」状況をつくることができました。そして，子どもたちは，簡易楽譜を見ながら演奏したり，音楽に合わせて部分奏をしたりすることができました。

★実態に合わせた応用アイデア -

　「ミニグロッケン　アルト」は授業で使用した楽器より，１オクターブ低くなります。「ミニグロッケン」と合奏すると音の響きに深みが生まれます。旋律と伴奏に分けて合奏もできます。

ザイロホーン
（写真提供：株式会社 鈴木楽器製作所）

　音板をはずすことができる楽器で木製の音の響きを楽しむのであれば，「ザイロホーン」をお勧めします。

　「メタルホーン」も音板をはずすことができて，音の響きが異なります。ソプラノ，アルト，バスと種類も複数ありますので，「ミニグロッケン」に比べると，より合奏向きと考えます。機会があれば，中学部や高等部の授業で使用してみたいと思っています。

17 パズル形式のタングラム

ねらい
● タングラムで出題された形のとおりにピースを組み合わせられる

対象
● パズルが好きまたは得意
● 個人で黙々と作業に取り組む

活動場面
● 自立活動

作り方

用意するもの：タングラム（色付き，100円ショップで購入），コピー用紙（A4サイズ），段ボール（コピー用紙が貼れる大きさ），厚いプラスチックの板，カッター

● **ガイドボードを作る。**

① A4サイズのコピー用紙にイラストを印刷し，その上に作りたい形にタングラムのピースを組み合わせて置き，鉛筆などで縁をなぞってかく。
   ※本実践では，海底のイラストを印刷し，ピースは魚の形に組み合わせました。

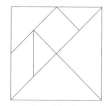
タングラム

魚の形に組み合わせる

② 段ボールに①のイラストを印刷した紙を貼り，なぞりがきした線をカッターなどで段ボールごとくり抜く。

③ ②でくり抜いた段ボールを厚いプラスチックの板の上に貼る。
   ※ガイドボードにはめ込むピースが下に落ちないようにします。

ガイドボード

使い方

❶ ガイドボードとタングラムのピースをばらばらにして子どもに渡す。
   ※ガイドボードを渡す際に，「ぴったり合うのをはめてみよう」と声がけをしました。

❷ ガイドボードにぴったり当てはまるようにピースを組み合わせてはめる。

活動レポート

○ 取り組みやすいタングラムの方法を模索

　自立活動やみんなで行う課題学習では，型はめやパズルを行っていました。パズルを行うときには，笑顔で楽しそうに取り組み，型はめも意欲的に取り組む姿が見られました。このような子どもたちの姿から得意や好きを生かした教材・教具をほかにも作りたいと考えていたところ，先輩の教師からタングラムを教えてもらいました。

　タングラムは，出題された形を見て，ピースを組み合わせて同じ形を作ります。図形感覚や考える力を養い，形や色の理解にもつながります。しかし，子どもたちの実態から，せっかく組み合わせたピースがずれてしまうかもしれないと思いました。子どもたちが取り組みやすくするために「パズル形式のタングラム」を考案しました。

○ ガイドボードの活用で，ピースの置き方を試行錯誤できた

　自立活動で取り組んだ子どもは，ガイドボードにピースがはまらなかったり，ピースが飛び出したりすると置き方が間違っていることに気づきました。そして，くるくるとピースを回して自分で置き方を試したり，ピースの大きさを変えたりしていました。

　また，「魚だ！」と声を上げながらガイドボードを手にして，集中して取り組む姿が見られました。取り組んでいる友達の様子を見た子どもが「ぼくもやりたい」と言って黙々と取り組み，「ふぅ，できた！」とうれしそうにしていました。また，はめたピースをはずして，もう一度はめてを何度か繰り返し，ピタッとはまる感覚を楽しんでいる様子も見られました。最初は，教師と一緒に行っていた子どもも，繰り返し行うことで自分でピースをはめることができるようになりました。

　ガイドボードを活用すると，ピースがずれず，置き方をじっくり試行錯誤できたと感じました。終わりも明確なので，見通しをもって取り組むことができました。

★実態に合わせた応用アイデア ------------------------------

　子どもの実態に合わせてガイドボードのピースの形を変化させます。例えば，屋根や三角形などの形にピースを減らしたり，平行四辺形のピースを加えてヨットのように複雑な形にしたりします。また，子どもの好きな絵からタングラムを作ることが考えられます。車が好きな子どもには，車の絵に合わせて三角形や四角形のピースを組み合わせてガイドボードを作り，興味・関心をもてるように工夫できます。形に注目させたい子どもには，タングラムのピースの色を一色にして，より形に集中させることもできると思います。

----

18 松ぼっくりツリー

ねらい ● 身近な自然とかかわる

対象 ● ものづくりが好き・得意

活動場面 ● 制作活動

事前準備

用意するもの：松ぼっくり，飾り（羊毛玉，モール，ビーズなど），カラースプレー，新聞紙，ペットボトルのキャップ

● ツリー（松ぼっくり）とツリーに飾る材料を用意する。

※飾りの材料は，教師が用意したり，ご家庭に協力してもらい，持ってきてもらったりしました。子どもたちが，好きな飾りを自分で選ぶことを大切にして【自分だけの】ツリーを制作しました。

使い方

❶ 飾り付けたい松ぼっくりを選ぶ。

※「ぼくの・わたしの松ぼっくりツリーを作ろう」と伝え，【自分だけの】ツリー作りへの期待感をもたせました。また「松ぼっくり，どれを使おうか？」そんな言葉かけをしながら授業を進めました。

❷ 新聞紙を敷いて，松ぼっくりをのせる。

❸ 松ぼっくりにカラースプレーで色を付ける。

❹ 飾り（好きな色の羊毛玉やモール）を選ぶ。

❺ 松ぼっくりの間に羊毛玉やモールを挟む（完成）。

※ビーズをボンドで飾り付ける方法も検討しましたが，手にボンドが付くのが苦手な子どももいます。そこで，羊毛玉やモールを松ぼっくりの間に挟む方法にしました。

❻ 完成した「松ぼっくりツリー」を，ペットボトルのキャップの上にのせて飾る。

※教室の後ろの荷物を入れる棚の上に，並べて飾りました。

※今回は，ペットボトルのキャップにただのせるだけでしたが，松ぼっくりにボンドを付けてからのせるとより安定します。また，のせる際は，子どもにのせてもらいました。

❼ みんなで見せ合う時間を設けて，鑑賞会を行う。

※授業中に「今日はみんなのを見てみよう」と伝え，良かったところを伝え合いました。

活動レポート

○ 身近な自然の素材を生かしたクリスマスツリー作り

　生活科の時間で秋探しに出かけたときに，大きな松ぼっくりを発見し，その大きさをみんなで楽しく観察して，拾って持ち帰りました。自然とのかかわりの授業の延長として，この松ぼっくりという自然のものでなにか作れないかと思っていました。

　12月になり，クリスマスが近づき，身近な自然のもの，手軽に手に入るもので，クリスマスをお祝いできたらいいなとも考え，「松ぼっくりツリー」を作ることにしました。

○ 友達とかかわりながら，【自分だけの】ツリー作りに熱中

　大きいもの，小さいもの，きれいに松かさがそろっているものなど，松ぼっくりをじっくり選ぶ子どもたちの姿がありました。【自分だけの松ぼっくり】ということが子どもたちにとって，特別であることがよく伝わります。

　使いたい松ぼっくりが重なったとき，譲って代わりの松ぼっくりを選ぶ，外に探しに行くなど，自分の気持ちに折り合いをつけていく様子がみられ，一人一人の成長につながる時間ともなりました。

　羊毛玉を飾るときは，うまく松かさに入らず，泣き出してしまう子どももいました。しかし，友達がぐっと羊毛玉を押す動作を見せてくれたり，一緒に飾ったりして，にっこり笑顔になり，和やかな空気が生まれました。「できたね」という友達の言葉にうれしそうにする姿が印象的でした。

　ツリーが完成した後日，クリスマスの絵本の読み聞かせを行いました。飾っている「松ぼっくりツリー」を子どもが指をさして自信ありげな表情を浮かべていました。

　鑑賞会を行ったときには，自分のツリーを教師などに指をさして見せたり，友達のツリーを見て，「すごいね」「かわいい」と言葉をかけたりしている姿が見られました。

★実態に合わせた応用アイデア

　言葉でのやりとりが可能な子どもたちの場合は，グループで「松ぼっくりツリー」を作ることができると思います。「松ぼっくりを重ねて大きなツリーを作ろう！」などと導くこともできるのではないでしょうか。ツリーではなく，「動物や遊び道具を作ろう」に発展も可能です。例えば，松ぼっくりに小枝を付けたいという子どもの思いが出てきたら，「次の秋探しのときは小枝を集めてこようか」と新たな目的意識の芽生えにつながります。

　また，「拾ってきた松ぼっくりは全部で何個か数えよう」と数の学習や「作り方を伝えるために説明書を作ろう」と国語的な学習など，横断的な授業の展開につなげられると思います。

19 だれでもスタンプ台紙

ねらい	● 少ない支援で，スタンプ遊びを楽しめる ● 手順を理解して自ら取り組める
対象	● 指先を使った細かな活動が苦手
活動場面	● 各教科等を合わせた指導，図工

作り方

用意するもの：段ボール，ガムテープ，カッターもしくははさみ

❶ 段ボールから台紙とカバーを切り出す。

　※台紙とカバーを同じ大きさにカッターもしくははさみで切り出します。子どもの手の大きさによりますが，はがき程度の大きさの台紙が扱いやすいです。

　※段ボールを台紙にすることで，スタンプが押しやすくなります。

❷ カバーになる段ボールに，スタンプの大きさに合わせて枠を切り抜く。

❸ 台紙とカバーの段ボールの一辺をガムテープでつなぐ（完成）。

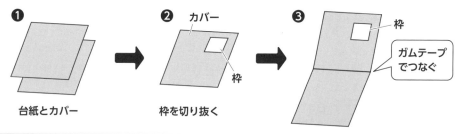

使い方

❶ スタンプを押す紙を段ボールの台紙の上に置く。

❷ カバーの段ボールを下ろす。

❸ 枠に合わせてスタンプを押す。

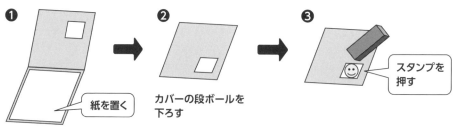

活動レポート

○ スタンプ遊びのもどかしさを解消したい

　小学部の造形活動（各教科等を合わせた指導）で実践しました。スタンプ遊びは，小学部の低学年のうちから，自分の手や足，道具等を使って自由にペタペタとスタンプを押して楽しむことができる題材です。しかし，高学年になると，この場所に押したい！きれいに押したい！　という気持ちも育ってきます。自分が考えていた場所に押すことができなくて，紙を丸めてしまったり，イライラして怒ってしまったりする子どももいます。また，教師が手伝おうとしても，自分でやりたい！　といういう子どももいます。そこで，教師が手伝わなくても，自分で決めた場所に思い通りにスタンプを押すことができる教材・教具がないかと考えました。

○ ねらい通りの場所にスタンプが押せ，達成感を味わえた

　「ここに押したい」という気持ちがあっても，押す瞬間にスタンプがずれたり，紙が動いたりして，なかなか押したい場所に押せないことがありました。しかし，この「だれでもスタンプ台紙」で，押したかった場所に押すことができるようになりました。また，教師が紙を押さえたり，スタンプを持った子どもの手を持って一緒に押したりするといった場面が少なくなりました。このことが，子どもの達成感につながったようです。手を休めることなく，次々と紙を置いてスタンプを押していました。

　絵柄によってスタンプの大きさが違うため，「だれでもスタンプ台紙」は複数準備しました。また，枠の場所にも，上下左右の変化をつけました。自分でスタンプや「だれでもスタンプ台紙」を選んで，さまざまな模様のついたすてきな紙がたくさんできました。

　スタンプをたくさん押した紙は，メモ帳として製本して自宅に持ち帰り，保護者の方にプレゼントしました。

★実態に合わせた応用アイデア

　中学部や高等部の作業学習では，製品の包装の際に，決められた場所に正確にシールを貼ったり印を押したりすることが求められることがあります。このような活動でも，同じ方法で台紙を作ると，多くの子どもがひとりで活動に取り組むことができると考えています。

　小学部の子どもにとっては，段ボールをカバーにすると，スタンプを押す紙が見えなくなるデメリットはありますが，段ボールの厚みで，ずれをなくすことができるメリットもありました。中学部や高等部の子どもに実践する場合は，クリアファイルなど透明な素材でカバーを作ると，紙などが見えるようになり，シールを貼ったり印を押したりする位置を覚えることもでき，それらの練習時の教材・教具としても活用できると考えます。

20 粘土伸ばし用工作マット

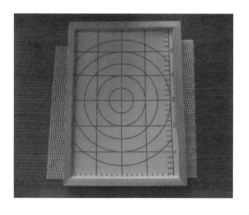

ねらい
- 粘土を同じ厚さに伸ばすことができる

対象
- 力の加減がむずかしい
- どのくらいの厚さに粘土を伸ばしてよいかわからない

活動場面
- 図画工作，制作活動

作り方

用意するもの【1つ分】：写真立て：1つ（フレームが平らなもの，A4サイズ程度），工作マット：1枚（薄手，写真立てよりやや大きめ），滑り止めシート：1枚（写真立てよりやや広い幅），粘土，はさみまたはカッター，めん棒，抜き型（100円ショップなどで購入）

❶ 工作マットをはさみまたはカッターで写真立てのフレームに合わせて切る。

❷ ❶で切った工作マットを写真立てに入れる（完成）。

使い方

❶ 机の上に滑り止めシートを置き，その上に「粘土伸ばし用工作マット」を置く。

❷ 粘土を工作マットの上に置き，少し手でつぶしてから，めん棒で伸ばす。

※フレームからはみ出さない程度の粘土の量を教師が準備しておきました。

❸ フレームの高さに合わせてさらにめん棒で粘土を伸ばす。

❹ 粘土が一定の厚さになったら，型抜きをする。

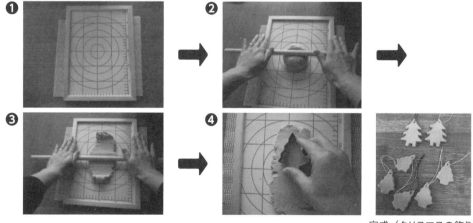

完成（クリスマスの飾り）

活動レポート

○ 粘土を一定の厚さに伸ばすことにつまずきが見られた

制作活動で粘土の型抜きをする際、粘土を伸ばしすぎてしまう場合があり、薄くて型抜きがしづらい様子が見られていました。

誰でも粘土を一定の厚さに伸ばすことができ、繰り返し使える工作マットを身近な物でできないか、と考えて作りました。

○ 繰り返し使うことで全員が使いこなせるように

「粘土伸ばし用工作マット」は、写真立てのフレームの高さが四辺とも同じなので、めん棒を使って一定の厚さに伸ばすことができます。作ってみたら、意外と簡単にでき、使ってみたら、準備や手入れがとても簡単なので、大変重宝しています。

繰り返して使うことで、子どもたちが自分ひとりで粘土を一定の厚さに伸ばすことができるようになりました。

子どもによっては、見本を見ることで、だいたいの厚さがわかる場合もあると思いますので、実態に応じて使用したりしなかったりしてよいと考えます。また、同じ厚さのものをたくさん作る場合は、どの子どもにも使用するとよいのではないかと思います。

★実態に合わせた応用アイデア

写真立ての大きさを変え、「粘土伸ばし用工作マット」の大きいものや小さいものを作り、子どもの実態や作品によって使い分けました。手順がわかると繰り返し取り組むことができる子どもには、小さいものを用意して、いくつも同じものが作れるようにしました。小学部の子どもたちでしたので、どちらかというと、小さいもののほうが注視しやすかったり、作業しやすかったりしたように感じました。

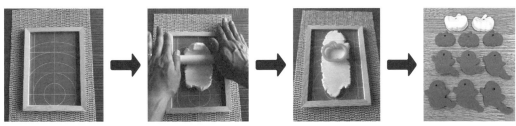

小さい「粘土伸ばし用工作マット」でハロウィンの飾りを型抜きしました

21 角そろえ名人

ねらい ● 製品作りで角をそろえて仕上げることができる

対象 ● 材料の端を合わせて貼り合わせることがうまくいかない

活動場面 ● 作業学習

作り方

用意するもの：木材か厚紙，厚手の用紙かプラバン，ボンド，両面テープ，クラフトバンド

❶ 木材を直角に貼り合わせて補助具を作る。

※本実践では，コースターの製作に使用するので，9cm × 15cm 程度の板 2 枚を直角に貼り合わせました。

❷ 貼り合わせた木材を厚手の用紙やプラバンの上にボンドで貼る（「角そろえ名人」完成）。

角そろえ名人

使い方

● 「角そろえ名人」を使ってコースターを作る。

※幅 2cm のクラフトバンドを 8cm に切り，コースター 1 枚につき 8 枚用意します。

① 「角そろえ名人」を机の上に置き，角に合わせてクラフトバンドを縦に 1 枚置く。

② ①のクラフトバンドにボンドを塗り，その上に角を合わせながら横にクラフトバンドを 1 枚貼る（指で押さえて，10 秒数える）。

※「角そろえ名人」を使うことで，直角にきれいに貼り合わせることができます。

③ ②で横向きに貼ったクラフトバンドに沿って，クラフトバンド 3 枚をボンドで貼る。

④ ③を裏返して縦にも 3 枚ボンドで貼る（コースターの完成）。

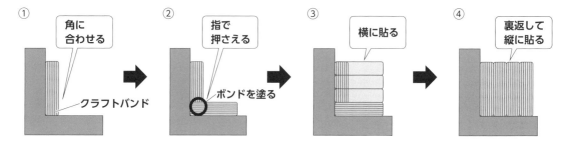

活動レポート

○ 角がそろわず，コースター作りに苦戦

　子どもたちがコースターを作る際，材料を直角に貼り合わせるには，下記の4点に気をつける必要があります。

　　①端を合わせて貼る　②直角に合わせる　③ずれないように保持する

　④ボンドがしっかりつくように押さえる

　特に①の材料の端を合わせて貼り合わせることがうまくいきませんでした。①がうまくいかないと，続く②③④の工程でもつまずいてしまいます。うまくできないことが続いて，作業に取り組む子どもが自信をなくしてしまう姿が見られました。

　「どうすればうまくできるだろうか？」と考えて，本教材・教具を作成しました。

○ 成功体験を積み，ほかの作業にも意欲的に

　「角そろえ名人」を使い始めると，子どもたちは，端がそろった状態で仕上げることができるようになり，できた後の報告も自信をもって行うことができました。

完成したコースター

　作業終了後の振り返りでは，友達の前で貼り合わせるときに注意したことや，自分がうまくできたことなどを発表する様子が見られました。たった1つの教材・教具（補助具）を準備することで，どうすればうまくできるかを自分自身で学んで取り組むことができるようになりました。

　この経験をきっかけに，ほかの手工芸作業に対しても，「がんばれば，よい製品を作ることができる」という前向きな気持ちで，自信をもって取り組む様子が見られるようになりました。

★実態に合わせた応用アイデア

　直角に合わせる補助具（「角そろえ名人」）は，貼り合わせる作業で活用しましたが，さまざまな作業種に応用できるのではないかと考えます。

　例えば，「端を合わせる」ということに注目したものでは，メモ帳作りで，端をそろえることで，仕上がりがよい状態になります。また，プリントの丁合作業などで，縦と横を一度にそろえることはむずかしいですが，補助具を活用すると，一方は補助具がそろえてくれるので，作業が少しやりやすくなると考えます。

　その他にも，厚みのある大型の「角そろえ名人」を作ることにより，木工作業等での材料を10枚ずつ積み上げるときに役立ちます。薄型の「角そろえ名人」は，ビニール袋への商品シールなどを貼る作業で大活躍です。

22 ウォータークッション

ねらい ● 気軽に水遊びに参加できる

対象 ●ぬれることに抵抗がある

活動場面 ● 遊びの時間

作り方

用意するもの：布団圧縮袋：1枚（100cm × 110cm 程度，<u>バルブの付いていないもの</u>，100 円ショップで購入），布団圧縮袋のスライダー（ジップをしっかりと閉めるのに必ず必要です！），梱包用 OPP テープ，袋の中に入れる物（子どもの興味をひく物：手芸用フェルトボール，水で膨らむスポンジなど，柔らかい素材のもの），ホース，水道水（布団圧縮袋を満たせる量）

❶ 布団圧縮袋を広げ，フェルトボールやスポンジ，おもちゃなどを入れる。

※硬いものはけがの原因や袋の破れにつながるので入れません。

❷ 布団圧縮袋にホースをつなぎ，水を入れる。

※ジップが閉められるギリギリまで水を入れます。

※布団圧縮袋の上に乗り，入り口を上に向けて水が漏れないようにすると，より空気が抜けて水が満たせます。

❸ 水漏れがないようにジップをしっかりと閉める。

❹ ジップ部分を梱包用 OPP テープでしっかりとふさぐ（完成）。

使い方

❶「ウォータークッション」を平らな場所に置く。

※熱中症などにかからないように注意します。

※水漏れしないように，下に硬いものがないか確認して，柔らかい芝生の上などに置きます。場所によってはブルーシートなどを敷き，その上に置きます。

❷「ウォータークッション」で遊ぶ。

※上に乗って立ってみたり，踏んで動き回ったり，寝そべったりして遊びます。また，袋の中の水の感触，反発感などを楽しみます。

活動レポート

○ ぬれることに抵抗のあった A さん

　夏といえば水遊びですが，水遊びをすると，体がぬれてしまいます。しかしながら，感覚過敏などの障害特性によりぬれることが苦手な子どももいます。ぬれることに抵抗のある子どもも水遊びを楽しむためにはどのように工夫したらよいか考えて，ウォーターベッドのような感触のものがあると楽しめるのではないかと思い立ち，この教材・教具を考案しました。

○「ウォータークッション」から水遊びへの興味・関心が広がった

　夏の遊びの指導の単元「ウォーターパークで遊ぼう！」で使用しました。

　水遊びが好きな子どもはもちろん，苦手な A さんも恐る恐る上に乗って，感触を確かめながら遊んでいました。

　A さんは，「ウォータークッション」で遊ぶことで水遊びに対する興味・関心が広がり，他の遊びもするようになりました。最も印象的だったのは，水鉄砲遊びをするようになったことです。本単元では，複数の遊びエリアをつくり，その中で好きな遊びを自由に選んで遊べるようにしていました。A さんが「ウォータークッション」で遊んでいるとき，他の子どもたちは水鉄砲などの別の活動に取り組んでいました。その様子を眺めているうちに，A さんも水鉄砲を手に持ち，遊びの中に加わったのです。友達や先生を水鉄砲で撃ち，とても楽しそうに遊んでいました。A さん本人も水鉄砲で撃たれていたのですが，それでも楽しそうに遊んでいました。

　ぬれることが前提の水鉄砲での遊びだけでは，あまり遊ぶことができずに逃げ回り，このようにならなかったかもしれません。「ウォータークッション」があったことで，友達と同じ空間の中で水遊びをするという経験ができ，そこから興味・関心が広がっていったと考えています。

★実態に合わせた応用アイデア ----------------

　初めは水だけが入った「ウォータークッション」でしたが，手芸用のポンポンボールや水に入れると膨らむスポンジ，子どもが好きなアニメキャラクターのオブジェクトなど，回を重ねるごとに中に入れる物を増やしていきました。中に物を入れたり，入れる物を変更したりすることによって，「ウォータークッション」自体に飽きがきた子どもも，再び新鮮な気持ちで遊ぶことができたように感じています。

23 なげて，あてよう

ねらい
● 目的に向かって投げる
（注目する力を高める，距離感覚や方向感覚を養う）

対象
● 投げる動作が可能
● 数字や色に興味・関心やこだわりがある

活動場面
● 体育の授業の「ボール運動」，遊びの場面

作り方

用意するもの：フェルト：土台用：的の色以外の色1枚（100cm × 150cm），的用：9色（9枚）（25cm × 25cm）※，1から9までの数字（既成のマジックテープ素材のものなど），突っ張り棒（土台の幅より長いもの），土台をつるすひも，ピンポン玉，両面テープ付きマジックテープ，針と糸，はさみ　　※寸法は目安です。

❶ 土台用のフェルトの上部を5cm折り曲げ，突っ張り棒が通るように縫う。

❷ ❶で縫ったところに突っ張り棒を通して，棒の両側につるすためのひもを付ける。

❸ 土台用のフェルトに両面テープ付きマジックテープのフック面を貼り付け，的のフェルトには，ループ面を貼り付ける。

❹ 土台の上に的用のフェルトを貼り，その上に数字も貼る。

❺ ピンポン玉にマジックテープのループ面を巻き付ける。

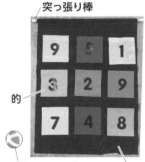

突っ張り棒

的

マジックテープを巻き付けたピンポン玉　　土台

ちょっと一工夫 数字を指さして「これなんだ」「1 どこだ」と発問しても返答がない場合や，数字の場所が変わっても反応が見られないなど，数字にまだ興味・関心のない子どもには，色のみの的を使用するのがお勧めです。また，数字の代わりにイラストやキャラクターを貼ってみるのもよいです。

使い方

❶ 的を設置する。

※フェルトに重さがあるので，突っ張り棒を使ってつるすのがお勧めです。それ以外に，ホワイトボードや黒板にフック付きの磁石で設置したり，壁にフック付きの画鋲で設置したりしました。

❷ 順番に，1〜2 m離れたところから，ねらった的にピンポン玉を当てる。

※子どもに応じて，自分で「黄色をねらう」などと的を決めてもらったり，「真ん中のオレンジをねらってみよう」などと指示された的をめざして投げてもらったりします。

活動レポート

○「的に向かって投げる」活動に取り組んでもらいたい

小学部1年生から4年生の体育の授業で「ボール運動」をしたとき，ただ「投げる」のではなく，「的に向かって投げる」活動に取り組みました。目的の物までの距離感覚や方向感覚を養っていくためです。

はじめは右図のような，縦に色が並んだ的を使いました。数字の場所は変更できましたが，的の幅の狭さからのむずかしさがありました。

「黄色がいい！」などと色にこだわりがある子どもも見られました。

そこで，子どもに柔軟に対応しながら的をねらえる教材・教具を考えました。

○ 子どもに応じた的の設置で意欲的に活動できた

子どもに応じて以下の事例のように数字や色の配置などを変えたり，支援をしたりしたことで，全員が意欲的に活動できました。当てたいという気持ちから，「見る」「見続ける」ということが少しだけ上達したようにも思います。

【的の配置事例】
①「1」だけをねらいたい子ども……ねらってほしい場所の的に「1」の数字を貼りかえた。
②「真ん中」をねらうことが多い子ども……真ん中の列の的をすべてはずし，上段と下段だけにした。

【支援の事例】
① ねらった的に当たらない子ども……成功経験を積ませたい場合は，的のフェルトのサイズを大きくしたり，投げる位置と的までの距離を短くした。
② 数字がわからなくなった子ども……指さしで確認したり，貼る数字の数を減らしたりした。

★実態に合わせた応用アイデア ----------------------------------

9枚の的を配置して，順番に投げて取り組みましたが，的の枚数を少なくしたり，一度に投げる回数を変えることも可能です。それで，当てた的の数字を最後に足していくなどの算数要素も取り入れることができます。

上の的や下の的などさまざまな位置へ注目する，的に当てられる回数を増やすなどの投げる操作のスキルアップをめざすため，的の色や数字の場所，提示数を変えて，難易度を上げて取り組むこともできます。

24 たまごでポンと運動リスト

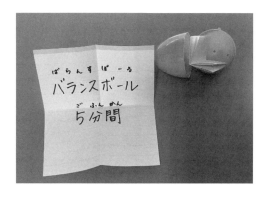

ねらい
- 活動に前向き・自立的に取り組むことができる

対象
- 毎日同じ活動に飽きる
- 運動に抵抗感がある

活動場面
- 体つくり運動，自立活動

作り方

用意するもの：メモ用紙：（課題の数＋α）枚（8cm 角程度の大きさ），色付きのプラスチックの卵型ケース（またはカプセルトイの入れ物）：（課題の数＋α）個，サインペン，カゴ

❶ 卵型ケースに入れる「指令メモ」を作る。

　※本実践では，メモ用紙1枚につき1つの指令を記入し，10数枚作りました。

　※「指令メモ」には，毎日の体つくり運動の運動課題とお楽しみ指令を書いておきました。

　※運動課題の「指令メモ」には以下の内容などを書きました。

　例）バランスボール 5分間，ケンケンで 1周，ジャンプ 20 回，腹筋 5 回・背筋 5 回，ラジオ体操
　　　第 1，ラジオ体操第 2 など

　※お楽しみ指令は「どれでも好きな課題を1つ自分で選んでよい」と書きました。

❷ 「指令メモ」を中が見えないように小さく折りたたむ。

❸ 「指令メモ」を卵型ケースに入れる。

　※2回目以降の活動の際には，「指令メモ」入りタマゴを引くときにケースの色でどんな課題かわかってしまわないように，中の「指令メモ」を入れ替えます。

❹ カゴに「指令メモ」入りタマゴを入れる。

使い方

❶ カゴの中から「指令メモ」入りタマゴを引く。

❷ タマゴを割って中の「指令メモ」を読み，メモに書かれた活動に取り組む。

　※割ったタマゴは教師が預かります。

❸ 活動が終わったら，次のタマゴを引く。

❹ タマゴがなくなるまで，またはあらかじめ決めた時間が来るまで繰り返す。

活動レポート

○ 飽きっぽいAさんに，前向きに運動課題に取り組んでもらいたい

　Aさんは飽きっぽく，面倒くさがりな性格です。毎日決まったメニューの体つくり運動に取り組んでいましたが，だんだんと慣れや飽きで体つくり運動に対する意欲が低くなってきていました。スケジュールの1つめ，2つめくらいまでの運動課題は何とか取り組めていたものの，それ以降の課題には「疲れた～」「面倒くさいよ」とマイナスの発言が飛び出してきました。それとともに体の動きも小さく，適当になってくる様子が見られ，これを何とかしたいと思っていました。少しでも本人が前向きかつ自立的に活動に参加してもらえるように考えました。

　楽しいことや遊ぶ活動は前向きに取り組めることが多いので，リストにある複数の運動課題を1つずつ「指令メモ」にして卵型ケースに入れ，くじ引きの要素を取り入れた「たまごでポンと運動リスト」を導入しました。

○ くじ引きの要素を取り入れると，新鮮な気持ちで取り組めた！

　この教材・教具を体つくり運動に取り入れてからは，「タマゴを割る」ということ自体を楽しんでいる姿が見られ，活動の時間そのものに対する拒否感が減ってきました。

　タマゴに入っている運動課題は固定されていましたが，「自分で選んだ」という意識からか苦手な活動でもがんばれたり，「次こそは自分の好きな活動を引き当てるぞ！」という次の活動への期待感を見せたりすることが増えました。また，毎回くじ引きで活動の順番が変わることで，活動に変化がついて，新鮮な気持ちで最後まで飽きずに活動に取り組むことができました。

★実態に合わせた応用アイデア

　Aさんは「たまごでポンと運動リスト」を活用することによって，活動の内容を「自分で選んだ」ことと捉えることができ，前向きに活動しよう，自立的に活動しようという意欲をもつことができました。

　このような運動課題だけではなく，順序を問わない複数の活動に取り組む際に，活動への前向きな意識づくりができるのではないかと思います。例えば，個別の課題学習で，漢字，足し算・引き算，時計など複数枚のプリントや課題をこなす必要があるような活動に活用できます。また，スケジュールの固定化に対する執着を和らげ，予定変更など，活動に対して柔軟な行動をとれるようになることを目標にすることもできます。さらには，この教材・教具を通して自分で活動のスケジュールを決めるという経験を積み，将来的には自分でスケジュールを組み立てて活動するというところに到達できることを期待しています。

25 フラフープとびなわ

ねらい ● なわとびが跳べるようになる

対象 ● 協応運動が苦手

活動場面 ● 休憩時間

※参考文献：向山洋一編，高畑庄蔵著（1989）フープとびなわでなわとびは誰でも跳ばせられる，明治図書

作り方

用意するもの：フラフープ，はさみまたはニッパー，紙ヤスリ，持ち手に巻くミニタオル，輪ゴム

❶ **市販されているフラフープを用意する。**

※おもちゃ屋さんで売っているもので，子どもの身長に合いそうな大きさのものを選びました。

❷ **フラフープの接続部分の一か所をはさみやニッパーでカットする。**

❸ **なわとびに使用できるように持ち手部分を紙ヤスリなどできれいにする。**

※フラフープの中にビーズなどが入っている場合は取り出します。持ち手にはミニタオルを巻き，輪ゴムでとめると持ちやすくなります。

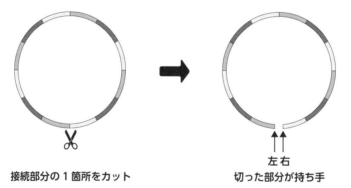

接続部分の1箇所をカット　　　左右
　　　　　　　　　　　　　　　切った部分が持ち手

使い方

❶ **フラフープの切った部分の左右を持って，頭の上かから足元までおろす。**

❷ **フラフープが足元にきたら，ジャンプしてフラフープを跳び越す。**

❸ **フラフープを頭の上に持ってくる。**

❹ **❶～❸を繰り返す。**

※❶～❸の動作を最初は一つずつ分けて指導します。できるようになったらつなげます。

活動レポート

○ 「フラフープとびなわ」で，なわとびの動作を練習

　なわとびは，「なわを回す」「なわを跳ぶ」という2つの動作を一度に行う※ために，知的障害のある子どもは苦手な場合が多いです。また，普通のとびなわでは，なわを回すときにふにゃふにゃになり，まっすぐ足元になわを持ってくることもむずかしいです。

　そこで，「フラフープとびなわ」を使ったなわとびを導入することにしました。

※このような，からだの複数の器官が同時に動いて作用する動きのことを協応運動といいます。

○ なわとび大会でなわとびを披露できた

　Aさんは，小学部の1年生のとき，普通のとびなわで，なわを回して足の前でいったん止めて，足の前に止まっているなわを跳ぶ，という2段階の跳び方をしていました。

　2年生になり，10月のなわとび大会に向けて，「フラフープとびなわ」で，教室で毎日5分程度，3週間練習しました。フラフープは回してもふにゃふにゃにならずに足元にきてくれるので，「なわを回す」「なわを跳ぶ」という2つの動きを1つにすることができました。この練習で回す跳ぶの動作のコツをつかみ，普通のとびなわで跳べるようになりました。その後は，なわとび大会まで，普通のとびなわで練習しました。なわとび大会では，お母さんの前で普通のなわとびを披露することができました。わが子がなわとびをしている姿を見たお母さんは感動して涙を流していました。

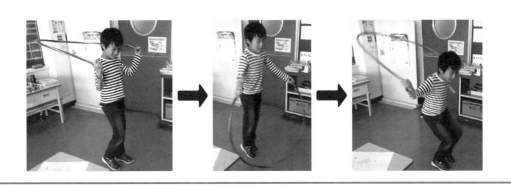

★実態に合わせた応用アイデア ----------------------------

　運動を細分化し，指導する方法は，跳び箱運動でも取り入れられます。跳び箱は「1走る」「2両足で踏み切る」「3跳ぶ」「4手をついて体重移動をする」「5着地する」という5つの一連の動きが必要であり，高度です。「フラフープとびなわ」の指導のように，まずは，「1走る」から「2両足で踏み切る」場面のみを練習するなど，教師が運動の動作を分解し，一つずつ練習させていくとよいです。

26 ぽいっと カウント

ねらい
- 周回数をボールなどを使って数えることで，ランニングなどの意欲を高める

対象
- 数操作を具体物で行う段階
- 数概念を学ぶ発達段階
- ランニング等に抵抗感がある

活動場面
- 体育活動

事前準備

用意するもの：数を数えるためのボール（または積み木など）：10～20個程度※，箱：2個，
※設定するランニングの時間や周回数，子どもの走るペースなどにより調整します。

- 箱とボールを準備する。
  ① ボールを入れた箱を，ランニング活動などのスタート地点から少し進んだところに置く。
  ② 空の箱を，折り返し地点かゴール地点の少し手前に置く。
     ※ボールなどは，手に持って走る・歩くなどしやすい，手に収まる程度の大きさの物を用意します。

使い方

❶ 全員でスタートする。

❷ スタート地点付近に置いてある箱から，ボールを1つ手に取って，持ったままゴールに向かって進む。

❸ 折り返し地点かゴール地点の手前付近に置いてある箱に，手に持っているボールを『ぽいっ』と入れる。

❹ ❷と❸を繰り返す。

※教師は，ボールを箱から1つ取って手に持つ地点やボールを『ぽいっ』と箱に入れる地点で，取り損ねたり，箱に入れるのがはずれたりしていないか，見守りをしていました。

❺ 活動の振り返りで，箱に貯まったボールの数を確認する。

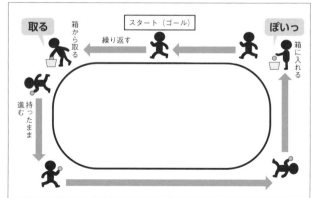

○ 周回数を数えてランニングにメリハリを

　朝の体つくり運動で，始めにランニングをしていました。ある日，情緒面でむずかしさのあるＡさんが，まったく足を動かさなかったり，スローモーションのようにゆっくり進んだりすることがありました。自分で周回数を数えながら走ることがむずかしい子どももいました。そこで，周回数を数える仕組みを取り入れることにしました。また，教師は1人なので，励ましながら走る役割と数える役割を同時に担うことにはむずかしさがあり，子どもが自主的に動くと自然と数がカウントできる手立てを考えました。

○ 周回数を記録することでモチベーションがアップ

　Ａさんの場合，個人の周回数（箱に入れたボールの数）を記録してしまうと，他の子どもの数や前回の自分の数と比較したりこだわったりすることで，気持ちが不安定になることが予想されました。そこで，カウントするボールは個々に色分けせず，入れる箱も分けずに，クラスみんなの周回数の合計を記録して振り返るようにしました。

　教師から「今日あまり走れない人がいるかもしれないけど，その分がんばれる誰かが走ってくれているんだね」と全体に声をかけると，励まし合ったり，Ａさんの手を引いて伴走したりといった，人と人とのつながりが生まれていきました。しだいに，Ａさん自身も，「いつもみんなが自分のためにがんばってくれているから，自分もみんなのために走るぞ」という思いをもって走ることができるようになりました。

　みんなの合計数を，ボールを10個ずつ並べて子どもたちと一緒に数えて振り返ると2桁の数になり，算数の計算の活動ともつなげながら進めることができました。

★実態に合わせた応用アイデア --------------------------------

　別の学級では「ぽいっと　カウント」を，階段の上にボールが入った箱を置き，階段の下に空の箱を置いて，上にあるボールを下に運ぶという形で，階段ウォーキングをしました。そのときはボールを色分けし，箱も子どもごとに分けて，『誰が何周歩けたか』が個々にわかる形で実施しました。階段ウォーキングを続けていくと，数が多かった日や少なかった日もあり，そのことをきっかけに「今日はちょっと足が痛い」「今日は早く行けそうだから○個が目標！」など，子どもが自分の調子に意識を向けて取り組む姿が見られました。

　1つの箱に1つのボールを『ぽいっ』と入れる仕組みにして，それぞれ箱に数詞を書いておくと数詞とモノとのマッチングができます。

　また，走っている最中に，モノをつかんで進み，モノを離す，といった動作が伴うので，目と手の協応動作の積み重ねをねらって活用することも可能です。

3 章

きもち・ともだち

本章では，自立活動の「心理的な安定」「人間関係の形成」および「コミュニケーション」の領域にかかわる指導の教材・教具をまとめています。心理的な安定では，感情を視覚化してコントロールしやすくしたり，不安を解消するお守りとなるような教材・教具を掲載しています。人間関係の形成では，他者への興味・関心を高めるもの，コミュニケーションでは，他者を意識した適切な表現等についての学びを取り上げ，二者関係から集団へと広げています。

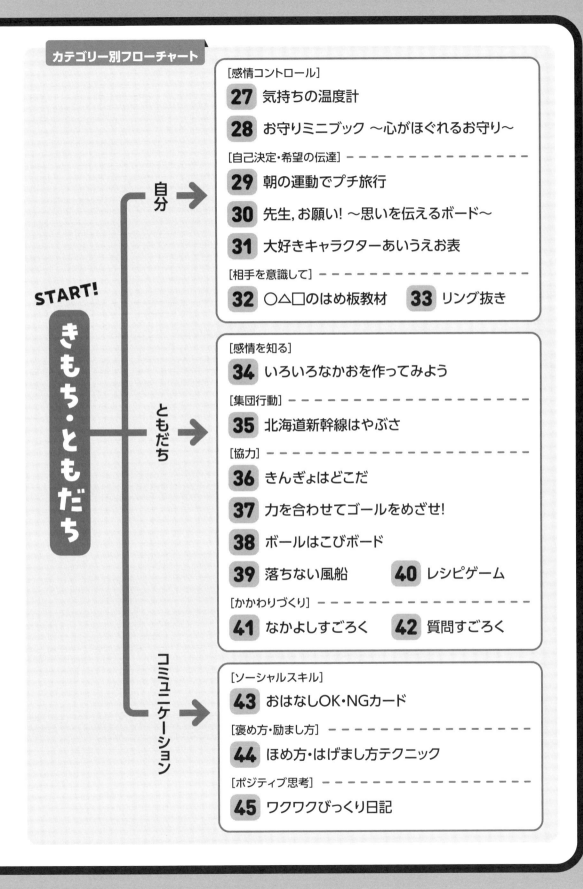

カテゴリー別フローチャート

START!

きもち・ともだち

自分 →

ともだち →

コミュニケーション →

27 気持ちの温度計

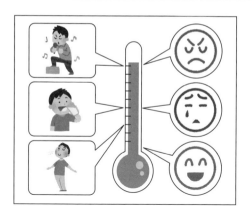

ねらい
● 感情の度合いを可視化して，度合いに合ったクールダウンができる

対象
● 感情をため込んでしまう
● なかなか気持ちが落ち着かない

活動場面
● 自立活動

作り方

用意するもの：コピー用紙，ラミネートフィルム，ラミネーター，筆記用具

❶ 温度計（10 めもり）のイラストと感情の度合いを表す言葉や顔のイラストを選ぶ（描く）。

※温度計のめもりは，子どもの実態（数や数量の理解がむずかしい子どもは，少ないめもりのほうが理解しやすいなど）に合わせて，5 めもりや 3 めもりにすることも可能です。ただし，めもりの数が少ないと，感情の途中経過が指導しにくくなります。

※言葉や顔の表情のイラストは，めもり（感情の度合い）の 0〜4，5，6〜10 と上がっていく過程にそれぞれ対応する自分の言葉や顔の表情を選び（描き）ます。

❷ 温度計のめもり（感情の度合い）に対応する自分なりのクールダウンの方法を考えたり整理したりして，温度計の横にかき込む。

❸ 自分の好きなキャラクターなどを好きな位置に配置し，オーダーメイドに仕上げる。

※配置が終ったら，持ち運びやすいサイズ（本実践では，A5 サイズ程度）に縮小・拡大し，ラミネート加工します。

カードの例）

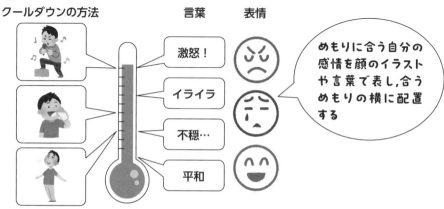

クールダウンの方法　　　言葉　　表情

激怒！
イライラ
不穏…
平和

めもりに合う自分の感情を顔のイラストや言葉で表し,合うめもりの横に配置する

※言葉と表情のイラストは，子どもが理解しやすいほうを使います。補助手段として両方を使うこともあります。
※カードの周りには好きなキャラクターなどを配置します。

使い方

❶ 「気持ちの温度計」を各自の机上など，目につきやすい場所に掲示しておく。

❷ いまの自分の感情の度合いはめもりのどこか，定期的に教師と一緒に確認する。

❸ 感情の度合いが上がったら，それに合わせたクールダウンの方法を確認し，実践する。

※クールダウンの方法は実践の中で，徐々に自分自身に合った方法をみつけていきます。

活動レポート

○ 不安や怒りを限界までため込んでから，一気に爆発

　自分の気持ちや感情を客観的に捉えることがむずかしく，イライラや怒り，不安などを限界までため込んで爆発させてしまう子どもが多く見られました。また，一度感情が爆発すると，気持ちを落ち着けるまでに時間がかかり，それまでに抱え込んでいたつらさがどれほど大きかったのだろうと感じました。

　「気持ちや感情といった抽象的な事柄を目に見える形で具体化することで，限界までため込む前に自身の状態に気づいてもらいたい」，また，「自分の状態に合わせたクールダウンの行動を明示し実践を促すことで，自身で気持ちを落ち着けられるようになってほしい」と考え，本教材・教具を導入しました。

○ 自分の感情に気づき，対処することの大切さを継続的に指導

　はじめは，自分の気持ちや感情といった抽象的な事柄を可視化したことで，落ち着く子どももいれば，かえって意識してイライラしてしまう子どももいました。

　感情の度合いに合ったクールダウンの方法で落ち着けば称賛し，落ち着けなければ違う方法を一緒に考え，より自分に合ったクールダウンの方法をみつけることができました。

　エスカレートする前の段階で自分の感情に気がつき，何らかの対処法をとることが大切であるということを，「気持ちの温度計」を用いて継続的に指導したところ，安定した状態で学習に取り組める子どもたちが増えたと感じました。

★実態に合わせた応用アイデア ------------------------------

　高等部の子どもたちは，自分でクールダウンできたら称賛することで，感情のコントロールができるようになっていきました。小学部の子どもたちの場合は，クールダウンできたらその場でポイント表にシールを貼り，ポイントが貯まると子どもに合わせたご褒美を用意しました。称賛の仕方を工夫すると，自分の感情の度合いに気がつき，エスカレートする前に何らかの対処法をとることが大切である，ということが身につきやすいと感じました。

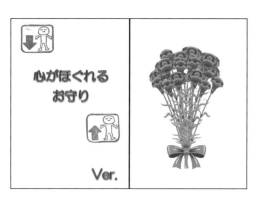

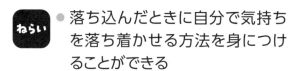

ねらい ● 落ち込んだときに自分で気持ちを落ち着かせる方法を身につけることができる

対象 ● 気持ちが乱れやすい

活動場面 ● 自立活動

作り方

用意するもの：コピー用紙：1枚（A5 か B6 サイズ），はさみ

● 「折り本」を作る（図1）。

※コピー用紙1枚を8等分に折り，中央部に切り込みを入れると，全8ページの小冊子の形に組み立てられます。図1は，右開きの折り本の作り方の一例です。

＜完成サイズ＞
・A5 で作成：横 約 5.3cm ×縦 約 7.4cm
・B6 で作成：横 約 4.6cm ×縦 約 6.4cm

※画像などを直接データ上に貼付して折り本を作成する場合は，貼付の向きに注意してください（図1の文字や数字の向きを参考に調整してください）。

※本実践では，「折り本」の表紙のみ教師が Word で作成して子どもに渡しました。表紙には『心がほぐれるお守り』と書きました。中身は子どもに作ってもらいます。

4	3	2	1
5	6	裏表紙	表紙

↑ 切り込み線 ↑

図1 折り本の展開図

使い方

❶ 折り本の各ページに好きな写真などを貼って，「お守りミニブック」を完成させる。

❷ 手に取って見たり触れたりできるところに「お守りミニブック」を入れて持ち歩く。

❸ 落ち込んだときなどは，「お守りミニブック」を見て気持ちを落ち着かせる。

※使っているうちに中身を変更したくなったら，写真などを変えて作り直します。手軽に作れるので，好きなものをもっとコレクションした本を作りたいと，自宅で作った子どももいました。

○ 気持ちの安定が課題だった小集団での自立活動で作成

　おもに気持ちの安定が課題となっている子どもたちで構成されたグループでの自立活動の学習場面で，落ち込んだときに気持ちが落ち着く自分なりの方法を子どもたちに考えてもらいました。その際に考えてもらった方法の中で，「ひとりになる」以外に多かった「好きな〇〇をする」ということからヒントを得て，本教材・教具を作成しました。

○ 「お守りミニブック」をいつでも取り出せるように

　『「見ると心が元気になる！」「持っているだけで安心する！」自分専用のお守りを作ろう』を目標に『心がほぐれるお守り』と命名して「お守りミニブック」を作りました。
　「お守りミニブック」には，できるだけ多くの好きなものを載せてほしいと考えました。そこで，学習プリントを用意しました。プリントには，好きなものがみつかるように「色・食べ物・乗り物・キャラクター・歌・歌詞・芸能人・ゲーム・人・家族・友達・先生・スポーツ・風景・本・まんが……」などとヒントの言葉を書きました。その下には，さらにカスタマイズするための次の項目の6行程度の表を作りました。そして「お守りミニブック」に載せるものを決めてもらい，あとは自由に作ってもらいました。

好きな〇〇	具体的に	「お守りミニブック」にどうやってのせる？	
		自分でかく　・　写真やイラストを貼る ⇒（もっている・もっていない）	どちらかに〇をつけます

　「お守りミニブック」に載せたい写真やイラストをもっていない子どもには，画像検索画面を印刷し，その中から選んでもらいました。好きなものの写真やイラストに囲まれながら，お気に入りの1枚を選ぶ生き生きとした表情が印象的でした。
　出来上がった「お守りミニブック」は筆箱やポケットに入れて，休み時間に眺めている感じでした。気に入った子どもは多く，すぐに「また違うの作りたい」と言ったり，次の年も「今年もお守り作りますか？」と楽しみにしている子どももいました。

★実態に合わせた応用アイデア

　高等部での現場実習の際，Aさんは「お守りミニブック」に「実習中に気をつけること」を箇条書きしたページを設け，そのページを開いて手元に置いて，落ち着いて実習に臨めました。Aさんは同じことを指摘されるとストレスとなり，気持ちや言動が乱れてしまっていましたが，事前に気をつけることが明確だったことと，自分の好きなカーネーションの花の写真を貼っていたことで落ち着くことに成功したと考えられます。Aさんは卒業後の職場でも「お守りミニブック」を活用していて，新しいルールが加わるときなどに改編を行っています。

宮城県まで50ポイント
今日は 2 ポイント

ねらい ● 目標を意識し，自分の意思で活動に取り組む

対象 ● 他者に行動を合わせやすい
● 適切な状況判断が苦手
● 運動に対する苦手意識が強い

活動場面 ● 運動の時間

作り方

用意するもの：マスキングテープ，シール，コマ（本人の顔写真の後ろに両面テープを付けたもの），ポイントカード，スタンプ，カウンター

❶ 朝の運動を旅行に見立て，目的地（ゴール）の地名などを決める。

❷ 旅行の進み具合を示すために教室の壁にマスキングテープを貼り，目的地（ゴール）までのめもりをつける。さらに 10 めもりごとにシールを貼る。

※マスキングテープの貼り方は，目的地に応じて一直線に貼ってみたり，アルファベットの U に近い形にしてみたりしました。

※シールは，丸いタックシールに数字を記入したものを使用しました。

❸ 周回数を記録するポイントカードとスタンプを教室に設置する。

※子どもが自分のかばんなどを入れるカラーボックスのある壁を利用しました。

使い方

❶ 朝の運動に参加し，カウンターを持ってトラックを歩いた（または走った）周回数を記録する。

※晴天時は校庭，雨天時は体育館で行いました。

❷ 教室へ戻りしだい，ポイントカードに周回数の分だけスタンプを自分で押す。

❸ 1 ポイント貯まるごとに，マスキングテープの上のコマ（顔写真）を 1 つ進める。

※約 1 か月でゴールできるようにポイントを設定しました。少し遠い場所を選択した場合は，10 ポイントほど追加してみたりしました。

ポイントカード

活動レポート

○ 他者に合わせて行動する A さん

　高等部の A さんは，周りの人の影響を受けやすく，他者の様子を見て，自分も楽なほうへ流れてしまうことがありました。一方，A さんは，考えを巡らせながら，じっくりと自分の意思を形成できる強みがあります。例えば，朝のんびり移動して次の活動に遅れたとき，支援者と周囲に与える影響について確認し，どういう行動をとればよいか，いくつかのアイデアの中から自分で選び「みんなより 5 分前に動く」などと行動を変えることができます。

　そうした日頃の実態把握より，考えるためのヒントを提供し，自分で目標を決めて挑戦する取り組みは，A さんの強みを生かしやすいと考えました。A さんが北海道内各地へ訪れた経験や地理が得意なことなどを手がかりに，行ってみたい市町村や特産品などを調べながら，運動を通して獲得したポイントでたどり着ける目的地を設定していきました。

○ 自分で決定し，行動できるようになってきた

　ポイントが貯まり，目的地に到達すると，学部主事より表彰を受け，「到達証明書」を受け取ります。到達証明書は，ポイントカードと一緒にファイリングして，自分の努力が形として残るようにしています。また，マンネリにならないように，毎週月曜日はポイント 2 倍デーという機会を設けました。

　始めて半年になるいまでは，その日の体調や目標を意識しながら「今日は走る」，「今日はおなかの調子が悪いから歩く」など，取り組み方を自分で決める様子も見られるようになりました。が

到達証明書

んばることが明確になったことで，少しずつ，自分で行動基準を決定し，行動できるようになってきました。最近では，「日本一周してみたい！」と新たな目標を自ら立て，前向きに取り組む様子が見られています。

★ 実態に合わせた応用アイデア -

　目的地までの間に「飛行機でひとっ飛び！　ポイントプレゼント！」と銘打って，サイコロを振って，出た目の数だけコマを進めるお楽しみコーナーなどを作ると，次は何があるのかな？　と，モチベーションの維持や，楽しみをもつことにつながります。

　長期休みでは，学校で万歩計を用意するなどして，ただ歩数を記録するのではなく，楽しみながら取り組めるワークシートを作り，がんばりを目に見える形で示し，家庭と連携した運動習慣の定着を図る取り組みに発展させていくことも可能と考えます。

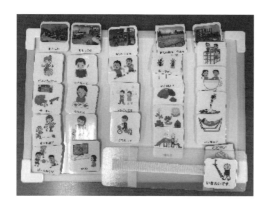

ねらい	● いくつかの候補の中から，自分のやりたい活動を選べる ● 思いを伝えて支援を求められる
対象	● 言葉で要求を伝えられない
活動場面	● 遊びややりたいことを選ぶ場面 ● 希望を教師や友達に伝える場面

作り方

用意するもの：ミニホワイトボード（A5～ A4 サイズ程度），両面テープ付きマジックテープ（幅2cm程度），PP シート，ラミネートフィルム，ラミネーター

❶ 「絵カード」（3cm 角程度の大きさ）を作る。

※選択肢となる子どもの行きたい場所ややりたい遊びの写真やイラストとその名称を書いたコピー用紙を印刷し，それぞれ切り取ってラミネート加工する。裏面にマジックテープのループ面を貼る。

※「いきたいです」「ください（ほしい）」「あそんで」とイラストの下に書かれたカードも同様に作ります。

❷ 「選択ボード」（絵カードを貼る板）を作る。

※ミニホワイトボードにマジックテープのフック面を貼り，「要求ボード」や「絵カード」を貼る土台を作ります。

絵カード

❸ 「要求ボード（子どもが選んだ絵カードを貼る板）」を作る。

※ PP シートを，子どもが握りやすい大きさの長方形（3cm × 10cm ～ 5cm × 15cm）に切り取り，角を丸く削り，裏面にマジックテープのループ面，表面にフック面を貼る。

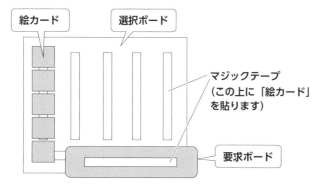

絵カードの例

場所	遊び	○○したい
プレイルーム	おにごっこ	いきたいです
体育館	ボール遊び	ください （ほしい）
図書館	DVD 鑑賞	
前庭	シャボン玉	
公園	砂場遊び	あそんで

使い方

❶ 子どもは数枚の「絵カード」から希望する遊びのカードを選んで「要求ボード」に貼る。

❷ 「要求ボード」に貼った「絵カード」を順番に指さしながら，子どもに「○○で遊びたいです」「○○へ行きたいです」などと 2〜3 語文で話してもらう。

例）「シャボン玉」「ください（ほしい）」の組み合わせで「シャボン玉をしたい・で遊びたい」

活動レポート

○ 将来に備え，子どもの自主性を育みたい

　小学部の「地域活動」では，自然や環境を生かした遊びを経験してほしいという願いから，子どもにとって適切と考えた活動や目的地を決めて計画していました。

　しかし，子どもが地域で生活する際に主体的に活動し，将来自ら望んだ活動や遊びを求めて地域に出かけたり，参加したりする資質・能力を育むためには，子ども自らが遊びや行き先を考え，選び，展開する必要があると考え，この教材・教具を作成しました。

○ 迷いながらも，自分の希望を伝えられるように

　最初の授業では，遊び場所を「絵カード」から子どもたちに選んでもらい，遊びについては場に応じた，興味・関心の高そうな遊びを教師が提案しました。

　次の授業では，前回の子どもたちの遊びの様子を見て，子どもが選びそうな遊びのカードを準備しておき，そこから子どもたちに選んでもらいました。子どもは「○○をして遊びたい。だから，○○へ行きます」と発表したり，遊びのカードを指さしたりはがしたりして，自ら選んだ遊びを教師や友達に伝えることができていました。

　授業が進むにつれて，遊びの計画を自分で考える子どもが現れたり，「○○ちゃんと遊びたい」と今までは表面化しなかった思いを伝えてくれるようになりました。

　他の授業でも，選択する場面を増やしたことで，自分の思いを表すことが身についてきたと感じます。制作活動や音楽活動では，材料や楽器を選ぶ際に決めることが早くなりました。

★実態に合わせた応用アイデア

　掲示板を「思いを伝えるボード」にしました。「絵カード」のサイズを大きくして，好きな遊びのカードの下に，自分の顔写真を貼れるようにしました。そうすると，自然と遊ぶグループのメンバー表としての機能も果たすようになり，「○○さんと遊べる！」などと言って期待する子どもも現れました。また，グループメンバーに合わせて，教師の配置を何通りか考えておき，子どもが安全に遊べるよう支援体制を変更することができました。

31 大好きキャラクターあいうえお表

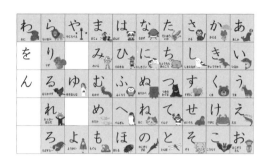

「あいうえお表」を用いて伝える
意欲を高める

 ● 語彙が少ない
● 発音が不明瞭でコミュニケーショ
ンに困難さがある

 ● 休憩時間のコミュニケーション

作り方

用意するもの：コピー用紙（A3，B4，A4サイズ），ラミネートフィルム，ラミネーター

❶ 子どもが好きな（休憩時間に観たい動画の）キャラクターの情報
収集をする。

❷ ❶で集めたキャラクター名を，頭文字の50音それぞれのマスに
入れて「大好きキャラクターあいうえお表」を作る。

※各マスには「音」，「キャラクターのイラスト」，「キャラクター名（ひらが
な）」を入れます。

※「あいうえお表」は，Wordで作りました。サイズは，A3，B4，A4の3種類を用意し，対象の子ど
もに好きなサイズを選んでもらいました（子どもはA4サイズを選びました）。

※「あいうえお表」は，ラミネート加工して使用しました。

使い方

❶ 休憩時に使用する個別スペースの正面の壁（目の高さ）
に「大好きキャラクターあいうえお表」を貼る。

※もう1枚を持ち運びできるように机の中に入れて活用しました。

❷ 休憩時間に，表の中のキャラクターを指さして，観たい
動画を教師に伝える。

❸ 教師はキャラクター名を確認する。「○○？」

❹ タブレットのひらがな入力モードで，指さしたキャラク
ターの名前を1文字ずつ一緒に確認しながら入力する。

❺ 動画を視聴する。

個別スペースに貼った「あいうえお表」

活動レポート

○ 相手が聞き取れず，伝えることをあきらめてしまう場面があった

　中学部1年生のAさんは，絵カードと，単語や二語文で意思を伝えてくれていました。休憩時間に，動画を観るために登場するキャラクター名を何度も教師に言うのですが，早口で聞き取ることができませんでした。何度も聞き返すと怒ってしまい，伝えることをあきらめてしまいます。観たい動画を観ることができないと，気持ちを切り替えることがむずかしく，休憩後の活動にスムーズに取りかかれませんでした。Aさんが伝えようとしていることを支援者たちが共通して理解できる方法はないかと考え，「大好きキャラクターあいうえお表」を作り，要求場面で活用することにしました。

○ 相手に伝わる伝え方が徐々に身についた

　Aさんは，「あいうえお表」のキャラクターを指さして，「『あ』，〇〇（頭文字が『あ』のキャラクター名）」，「『い』，〇〇（頭文字が『い』のキャラクター名）」と，楽しそうに何度も声に出していました。「あいうえお表」の文字を指でなぞるしぐさも見られ，特段好きなキャラクター名の頭文字は「文字」と「音」が一致するようになっていきました。

動画を観るAさん

　休憩時間には，キャラクターを指さして「〇〇（キャラクター名）の□□（タイトル）観る」と伝え，教師と一緒にタブレットで1文字ずつタイトルを入力しました。

　何度も取り組んでいるうちに，相手に伝わるようにはっきり話す，相手に伝わるまで繰り返すといった変化が見られました。「あいうえお表」をコミュニケーションの媒介としたことで意思伝達がスムーズになりました。そして，Aさん自らが便利なコミュニケーションツールとして積極的に活用するようになりました。「言葉で伝えたら好きな動画を観ることができた」という成功体験から，コミュニケーションの楽しさや便利さを実感したことで，伝える意欲が高まり，言葉のやりとりを楽しむようになったと感じます。

★実態に合わせた応用アイデア

　余暇の要求手段として「あいうえお表」を導入したのと同時に，中学部の課題別学習（各教科等を合わせた指導）で，キャラクター名の文字のマッチング，文字の並び替え，視写の課題に取り組みました。書くことが苦手で，これまで課題に取り組もうとしなかったAさんですが，大好きなキャラクター名や自分の氏名などの文字を声に出しながら書くようになりました。

課題別学習に取り組むAさん

32 ○△□のはめ板教材

※参考文献：宇佐川 浩（2007）感覚と運動の高次化からみた子ども理解，学苑社
　　　　　　宇佐川 浩（2007）感覚と運動の高次化による発達臨床の実際，学苑社

ねらい
- 相手のはたらきかけに応じて教材・教具を操作することで，物事への柔軟性を高める

対象
- 活動手順などにこだわりが強い
- 支援者と課題に取り組めない

活動場面
- 個別学習の時間，自立活動

作り方

用意するもの：木材（コンパネまたは廃材など），ドリル，糸鋸

- 木材を切り抜いて，「はめ板教材」（○△□のピースとはめ板）を作る。
  - ※ドリルや糸鋸を使って，木材から○△□のピースとはめ板を切り抜きます。ピースは5cm程度の大きさに，はめ板は1辺が9cm程度の正方形にしました。また，ピースは安全性を考慮して縁を丸くしています。
  - ※はめ板の下には板を貼り付け，ピースが落ちないようにしました。また，ピースを取りやすくするため，はめ板の内側の底に3mm程度の厚さの板を貼って，ピースがはめ板より出っ張るようにしました。

ピース　はめ板

ピースがはめ板より
出っ張るようにする

~購入する場合~
はめ板教材は購入することもできます。右は「虹とおひさま」サイトのものです。
https://nijitoohisama.shop-pro.jp/

使い方

❶ 教師や支援員がはめ板の○△□のうちどれか1つの図形を指さし「これと同じ形を入れてください」などと言う。

❷ 子どもは，教師などが指さしたはめ板の図形と手元のピースを見比べて，同じ図形のピースを取ってはめ板にはめる。

　※子どもが指示通りにできなかった場合は，子どもにとって課題設定がむずかしいことが考えられます。ピースとはめ板の数を1つずつにして，はめ板の指さした図形と同じ形のピースをはめてもらうところから始めます。

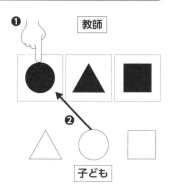

❶　教師

❷

子ども

○ こだわりが多く，支援者と課題に取り組むのがむずかしい

　Ａさんは，自分の手順で課題を解きたがり，支援者からの教材・教具の提示や言葉がけを拒否する姿が見られました。また，日常的生活の中でも活動手順や，持ち物，日課に対するはげしい「こだわり」が多くありました。そこで，物事に対する柔軟な対応ができるよう，「〇△□のはめ板教材」を介して，相手のはたらきかけに応じる学習を積み重ねていきたいと考えました。

○ 支援者と落ち着いて活動できる場面が見られるようになった

　Ａさんに対して，週に４回程度実施される個別課題の中で取り組んでいきました。Ａさんは，もともと図形の弁別は可能であったため，初めは自分の好きなようにピースを取り，はめ板にはめる，という取り組みでした。しだいに支援者のはたらきかけに応じて取り組むようになり，支援者の指さすピースを見てからはめ板を見比べ，同じ形のはめ板を指さすことができるようになっていきました。

　造形活動の時間には，レゴブロックを組み立てる際に，教師による言葉がけを受けてブロックを積み上げて作品作りができました。また，音楽活動における器楽演奏の際に，教師の動きを注視して模倣する姿が見られました。このように，支援者のはたらきかけに応じた活動をする姿が見られるようになってきています。

　日常生活では，日課に対するはげしい「こだわり」を示すことは以前より減ってきており，さまざまな支援者と落ち着いて活動する場面も多く見られるようになってきました。

★実態に合わせた応用アイデア

　はめ板教材などを用いた弁別学習は，５段階のステップ（宇佐川，2007）があります。「使い方」で取り上げたのは３段階にあたる「指さし対応弁別」です。弁別学習としては，「対応弁別ポインティング」，「指さし―指さし対応弁別」へと教授方法がステップアップしていきます。その際，課題提示をする支援者とのやりとりも増えていきます。本事例のようにこだわりのある子どもの場合，対象となる子どもの行動を手がかりに，どのように教材・教具を使ってコミュニケーションを図っていくのかということを考えていくことが大切と考えています。

33 リング抜き

 ● 始点・終点の理解が深まり，目と手の協応動作を鍛えられる
● 言語指示などを受け入れられる

 ● 注意がそれやすい
● 目と手がつながりにくい

 ● 個別学習の時間，自立活動

※参考文献：奈良県立奈良養護学校編，高橋浩ほか著（2017）誰でも使える教材ボックス，学苑社

作り方

用意するもの：塩ビパイプ：土台用1本（長さ4cm，直径3cm），組み立て用数本（長さ20cm，直径2cm），直角ジョイント数個（塩ビパイプ接続用），板（土台用，厚さ1cm程度），カーテンポール用のリング数個（直径5cm程度），ドリル，のこぎり（塩ビパイプ切断用）

❶ 土台用と組み立て用の塩ビパイプを適当な長さに切る。

❷ 土台用の板の中心に塩ビパイプが入るくらいの穴をドリルで開ける。

❸ ❷の板と土台用の塩ビパイプを固定して土台を作る。

❹ カーテンポール用のリングを土台の塩ビパイプに通す。

※塩ビパイプに通すリングの数は，子どもの実態に合わせて決めます。

土台

使い方

❶ 土台に塩ビパイプと直角ジョイントを組み合わせる。

※子どもと支援者でパーツを受け渡しながら一緒に組み合わせていく活動も，やりとり場面として大切にします。同様に，後片付けも一緒に行います。

❷ 始点のリングを持つ。

※子どもに始点となる土台部分にあるリングに注目を促し，また，そのリングを持つよう促します。

❸ リングを見ながら塩ビパイプから抜いていく（全部抜けたら完了）。

終点

始点

※子どもの視線が途中でリングからそれた場合には，身体援助や指さしなどで終点となるリングが抜
　ける箇所まで視線がつながるよう促します。

※リングを抜くことができたら，支援者はリングを受け取り，ハイタッチなどで称賛します。

活動レポート

○ 注意がそれやすく目と手の協応に課題のあった A さん

　中学部の A さんは，はさみをで牛乳パックを切
る際に，見本の線を追って切ることなどに対し目
と手がつながりにくい傾向にありました。また，
注意がそれやすく，支援者と行動していても自分
の興味のある物に対して衝動的に手を伸ばした
り，直接触れたりすることが多く見られました。

　課題を通して，目と手の協応の理解を促したり，相手に合わせて行動を調整したりし
ていくことで，情緒面の発達も促すことができるのではないかと考え，本教材・教具を
作成しました。

○ 始点から終点まで視線がつながる姿や言語指示を受け入れる姿が見られた

　毎日個別課題の時間を設定し，繰り返し「リング抜き」に取り組んでいきました。初
めは，始点には注意がいくものの，途中で目がそれてしまい，終点まで視線を移すこと
がむずかしい状況でした。

　そこで，目がそれる場合には，支援者が指でリングを止め，本人が「あれ？　進めな
いな？」と気がつき，リングの方へ視線が戻った際に指を離すようにしました。する
と，しだいにリングの動きを目で追うようになり，始点から終点まで視線がつながるよ
うになっていきました。また，支援者と「リング抜き」を介してやりとりする中で，支
援者からの指さしや言語指示を受け入れる場面が多くなり，支援者との関係性が柔らか
くなっていきました。

★ 実態に合わせた応用アイデア

　「リング抜き」は，子どもの実態に合わせて課題を調整することができます。例えば，塩ビ
パイプとジョイントをたくさん組み合わせ，始点から終点までの視線の移動パターンにバリ
エーションをもたせることができます。

　また，リングに鈴を付けて注意を向けさせたり，リングに突起物を付けてつまむ動作を促
したりすることもできるでしょう。これらは，聴覚で情報を捉えることが優位な子どもや，
触覚が先行して対象物にリーチングをする子どもに対しても適していると考えます。

34 いろいろなかおを作ってみよう

 ねらい ● 相手の顔の表情を読み取ったり，自分で表情を意識的に作れるようになる

 対象 ● 人との意思の交換がむずかしい
● 表情を読み取ることがむずかしい

活動場面 ● 自立活動

作り方

用意するもの：さまざまな表情の顔のイラスト，コピー用紙，画用紙，ラミネートフィルム，ラミネーター，両面テープ

❶ さまざまな表情の顔のイラストを拡大コピーする。

※さまざまな表情の顔は，自分で描いてもよいですし，フリー素材などを利用してもよいと思います。イラストの大きさは発達段階に応じて変えるとよいと思います。

❷ コピーした顔のイラストを型紙にして，顔のパーツを作る。

※目や鼻，口などの顔のパーツごとに切って型紙にします。また，土台となる顔の輪郭だけのものも作ります。

❸ ❷のパーツをそれぞれラミネート加工し，輪郭に合わせて切る。

❹ 顔のパーツの裏に両面テープを付ける。

※今回の実践では両面テープを使用しましたが，パーツに磁石を付けてホワイトボードに貼ることもできます。しかし，弱い磁石だとうまく付かなかったり，途中で落ちてしまったりしたので，強力な磁石のほうが取り組みやすいです。その際は，誤飲に注意してください。

使い方

❶ 目・鼻・口などのパーツを確認していく（形のマッチングをしていく）。

※土台となる顔の輪郭に目や鼻，口などの形をペンで描いておき，その上に目・鼻・口などのパーツを置いたり，見本の上に目・鼻・口などのパーツを置いたりします。

❷ 見本を見ながら，同じように土台に目・鼻・口などのパーツを貼り，見本と見比べる。

❸ 見本がない状態で顔のパーツを貼り，他の子どもに確認してもらう。

※今回の実践では，子どもの課題に応じたグループ編成になっていて，なおかつ発達段階に差があったこともあり，上記の使い方で段階的に取り組んでいきました。

活動レポート

○ 福笑いの要素を取り入れて，表情の理解と表現を促したい

　小学部の課題学習（自立活動）の人間関係／コミュニケーションのグループの学習の中で実施しました。知的障害・自閉スペクトラム症の特性として，「他人との意思の交換のむずかしさ」や「社会的コミュニケーションおよび対人的相互反応の苦手さ」があることから，「相手の顔の表情を読み取る」，「自分で表情を意識的に作る」ことの特に２点に焦点を当てて取り組みました。「わらったかお」「おこったかお」「ないたかお」などのさまざまな表情を顔のイラストを見て理解するだけでなく，福笑いのようにして自分で操作できるようにしました。

○ 顔のパーツの向きや位置が意識できるようになってきた

　まず，絵本（『かお かお どんなかお』柳原良平作，こぐま社）の読み聞かせなどで顔の表情について学習し，次に本教材・教具の「いろいろなかおを作ってみよう」に取り組みました。

　ふだん自分の顔や他の人の顔を見ていても，なかなか目や鼻，口の位置を意識して見ていないこともあり，初めのころは顔のパーツを違う場所に貼っていました。そのため，目や鼻，口の形を土台となる顔の輪郭にペンで描いておき，形のマッチングという形で，顔のパーツを正しい位置に貼ることができるようにしました。

　現在は，見本のイラストをまねして貼ることができるようになった子どもや，見本のイラストを見ずに，教師が指定した表情に合わせて顔のパーツの向きや位置を意識して貼るようになってきた子どももいます。また，友達の置いた眉毛や目の向きが間違っているものをみつけると，「違うよ」といって修正する様子が見られました。

★実態に合わせた応用アイデア

　現在は表情のイラストを見本にして取り組んでいますが，最終的には実際の人の顔を見て表情の違いをわかるようにしていく必要があります。そのため，発展という視点で次の２つのことを行っていこうと考えています。

　１点目は，福笑いの教材・教具をイラストではなく，自分の顔にして，さまざまな表情を作っていく，そして鏡などを使用して，作った顔と同じ顔をしてみる。

　２点目は，選択肢に絵文字など表情のイラストを使って，教師がその場でさまざまな表情を示し，その顔に合った表情のイラストを選択する。

　この２点について取り組んでいくことで，さまざまな場面で表情の理解や表現ができていくのではないかと考えます。

35 北海道新幹線はやぶさ

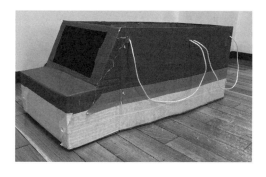

ねらい ● 集団行動する経験を積ませる

対象 ● 集団行動の経験が少ない
● 多動傾向がある

活動場面 ● 生活科，遊びの指導，自立活動

※参考文献：ダンボールの電車を作ろう！（Craftie, https://craftie.jp/style/article/20217）

作り方

用意するもの：段ボール（子どもが1人か2人入る程度の大きさ），ガムテープ，装飾用色ガムテープまたは色画用紙，ひも：2本または4本（1本60cm程度）

❶ 段ボールの上下の蓋を開き，長い辺の蓋4枚をすべて切り取る。

※短い辺の蓋は，片側の上下各1枚だけ切り，もう片側の上下は残しておきます。

❷ 切り取った短い辺の蓋2枚を，残してある上の短い辺の蓋にガムテープでつなげ，その端を下の蓋につなげる。

❸ 側面の空洞をふさぐために切り取った長い蓋の1枚を縦にしてガムテープで仮どめする。

❹ つなげた段ボールが新幹線の顔になるように形を整えて，❸の段ボールのはみ出た部分を切り落とす。

※はみ出た部分を切り落としたらガムテープをしっかりと貼ります。

❺ 反対の側面も❸～❹と同じように作業する。

❻ 段ボールを「北海道新幹線はやぶさ」に見えるように装飾し，長い辺の上部に2か所ずつ穴をあけて肩にかけられるようにひもを通す（完成）。

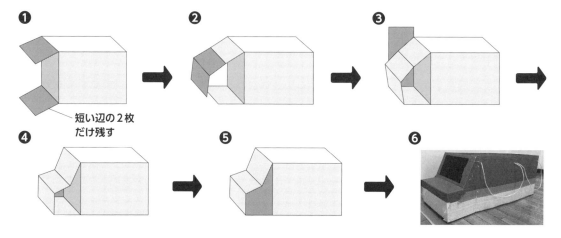

❶ 短い辺の2枚
だけ残す

❷

❸

❹

❺

❻

使い方

● 2人でペアになって「北海道新幹線はやぶさ」に乗って，目的地まで行く。

　※集団で移動する場面や友達を意識しながら移動したい場面で使用します。

　※新幹線に乗って学校探検の際に使用しました。説明の前に新幹線を見せてしまうと子どもが説明を聞けない状況になってしまうため，説明した後，移動する直前に見せました。

　※「電車に乗って移動するよ」「呼ばれた人から乗ってください」「○○さん（ボディランゲージで乗る場所を指定する）」などと言って新幹線に乗せました。乗る組み合わせは，子ども同士の相性や教師の話を参考にして，目的地に移動できる子どもを前に配置しました。

活動レポート

○ 集団行動の経験が少ない新入生たち

　小学部1・2年生の学校探検で使用するために本教材・教具を作成しました。特に1年生は，入学したばかりで集団で移動する経験を積んでいないため，楽しく教師や友達と一緒に集団行動する経験を積んでほしいと考えました。

○ 新幹線に乗ってみんなで楽しく移動ができた

　1回目の学校探検で「北海道新幹線はやぶさ」をお披露目すると，子どもたちは「はやぶさ！」と言ったり，近寄ってきたり，興味・関心をもってくれました。そして，ほとんどの子どもは教師や友達と一緒に体育館や校長室などに移動することができました。

　2回目の学校探検では，新幹線を見せると自分から新幹線に乗り込む様子が見られました。また，今回より，子どもに順番に車掌になっもらいました。車掌になることや一番前に行くことにこだわらず，「あるく」，「あいさつ」，「じゅんばん」の約束を守って移動することができました。

★実態に合わせた応用アイデア ----------------

　子どもに集団行動をより意識させたい場合は，車両同士をつなげて2人だけではなく全員で一緒に移動できるようにします。「まっすぐならぶ」「いっしょにうごく」「じゅんばん」など集団での移動時の並び方の約束をして取り組むことが可能です。

　また，コミュニケーションを意識した指導の場合は，1人で乗っている新幹線に「入れて」とお願いする場面や，新幹線の行き先を相談する場面を設定します。遊びの指導の時間や休み時間などに新幹線ごっこを通して取り組むことができると思います。

36 きんぎょはどこだ

ねらい
- 自分たちで「探す・みつける」を経験して主体性を育てる
- 「協力する・考える」経験を積む

対象
- 他者とのかかわりが芽生え始めている
- 絵本が好き

活動場面
- 集団遊び場面

※絵本『きんぎょがにげた（五味太郎作，福音館書店）』を活用した実践。

作り方

用意するもの：色画用紙，はさみ，ラミネートフィルム，ラミネーター，マグネットシート

❶ 金魚，金魚鉢，岩の形に色画用紙を切る（図1）。

❷ 金魚をラミネート加工し，裏面にマグネットシートを貼る。

　※裏面も金魚にする場合は間にマグネットシートを挟んで貼ります。

❸ 作った金魚の数に対応した型枠を用意する（図2）。

　※ラミネート加工した金魚を使って画用紙に手書きで型取りました。

図1　金魚の形

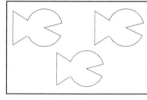

図2　金魚の型枠

使い方

❶ 事前に教室や学校内のいろいろな場所に金魚を隠す（図3）。

❷ 導入：『きんぎょがにげた（五味太郎作，福音館書店）』の絵本を読み聞かせする。

❸ 展開：絵本の読み聞かせ終了後，先生が連れてきた金魚が逃げたことを伝え，金魚探しを開始する。

　※みつけた金魚は子どもに型枠に貼ってもらいます（図4）。

　※教室内の金魚がすべてみつかったら次の場所へ移動するようにしました。最後は絵本と同じように金魚鉢に戻すイメージで，画用紙で作成した金魚鉢に金魚を入れてもらいました（図5）。

❹ まとめ：みつけた金魚の数を数えてもらう。

❺ 発展：どうしたらみつけた金魚が逃げないかを問いかける。

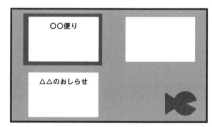

図3　学校内に隠した金魚

図4　みつけた金魚を貼った型枠

図5　金魚を戻した金魚鉢

活動レポート

○ 子ども同士のかかわりが増えたタイミングで，協力して取り組む活動を

　遊びの指導で，小学部1，2年生の4人グループの子ども同士のかかわりが増え始めました。そこで，子どもたちの興味・関心の高い「宝探し」の手法でミッションをクリアする楽しさを味わいながら，協力もできる活動ができないかと考えました。

○ 友達同士で助け合って金魚を探す姿が見られた

　絵本の読み聞かせ時に，絵本に隠れている「きんぎょ」を指さししてもらい，「探す」ことへの興味・関心を高めるところから始めました。読み聞かせ後には，タブレット端末のアプリ（Keynote など）を用いて，金魚が校内に逃げた様子を映像で見せました。すると，子どもたちからは「大変だ！」「探さなきゃ！」という声が上がりました。

　本実践の初回は，金魚は目にとまりやすい場所へ隠しました。2回目以降は，工夫（何かにのぼる，援助依頼を出すなど）しなければ届かない位置や，似た色の中に隠しました（図6）。すると，友達同士で「取ってあげる」と助け合ったり，椅子にのぼって手を伸ばしたりなど，試行錯誤する様子が見られました。

図6　似た色の中に金魚を隠す

　活動の最後には「どうしたら金魚が逃げないか」を考え，タオルで金魚鉢を隠したり，金魚をテープで貼ったりするなど思考し，工夫する子どもの様子も見られました。別日には，自分たちで教室内に金魚を隠して遊ぶなど，新しい遊びを習得し，子ども同士のかかわりの場が増えました。

★実態に合わせた応用アイデア ----------------------------

　みつけた金魚を子どもたちに数えてもらうことで，数を数える活動も展開できます。

　『きんぎょがにげた（五味太郎作，福音館書店）』を題材に授業を展開しましたが，『ひよこはにげます（五味太郎作，福音館書店）』でも「逃げたひよこを探す」活動ができます。「ひよこ」は鳥なので，高い位置に置き，網で捕まえるなどすると難易度が上がって盛り上がるかもしれません。

37 力を合わせてゴールをめざせ!

ねらい	● 友達と協力して遊べる

対象	● 友達とかかわるのが好き ● 迷路が好き ● 転がるものが好き

活動 場面	● 制作活動, 自立活動

作り方

用意するもの:段ボール(縦長のもの),はさみまたはカッター,ガムテープ,厚みのあるすきまテープ,油性ペン,転がす物(卓球の球,どんぐり,松ぼっくり,子どもの興味・関心のある物など)

「巨大迷路」を以下の手順で作る(下図)。

❶ 縦長の段ボールを縦半分に切る。

❷ 切った段ボールを縦につなげる。

❸ ゴール地点を決め,転がす物が落ちるような穴をあける。

❹ スタート地点を決め,すきまテープでゴールまでの迷路を作る。

※行き止まりや落とし穴を作ります。

※実態差があっても取り組めるよう,迷路になる素材はすきまテープにしました。両面テープをはがすだけで自由に配置することができます。

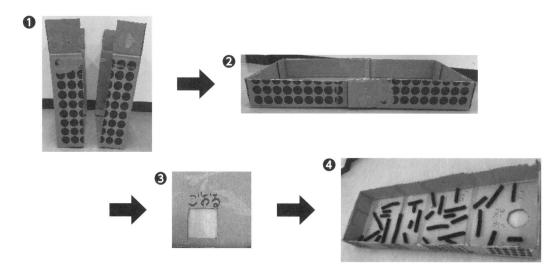

使い方

❶ 2人でペアになり，スタートに転がす物を置いて，段ボールの端と端を持つ。

❷ 友達と協力して「巨大迷路」を動かし，転がす物をゴールの穴に落とす。

活動レポート

○ 友達と遊ぶ経験を積んでもらいたい

「どうしたら友達とかかわりながら遊べるだろう」という悩みがありました。それで，協力しなければ遊べない教材・教具を用意すれば，友達とかかわりをもてるのではないかと考え，1人では持つことも動かすこともむずかしい「巨大迷路」を作りました。

○ 迷路作りから子どもに任せることで自然とかかわりが生まれた

ペアで迷路の道の配置を考えるところから制作を始めました。子どもたちは，試行錯誤しながら主体的に取り組んでいました。

友達と一緒に作っていることを意識できるように，教師が「『ここを押さえて』とお願いするといいよ」など，子ども同士をつなぐ言葉かけをしました。すると，すきまテープを押さえてあげる姿や，「ここ，行き止まりにしよう」と声をかける姿が見られました。

また，大きさの違う転がす物をいくつか見せて「これは通るかな？」と聞くと，迷路の幅についても自分たちで考えながら配置する姿が見られました。

「巨大迷路」が完成すると，「もっとこっち」「あー，行き止まり」と，声をかけ合いながら遊んでいました。また，友達の「巨大迷路」と交換して遊ぶ時間を設けたことで，「この迷路いいね」と友達の作った作品のよさに気づき，伝える姿も見られました。

★実態に合わせた応用アイデア ----------------

授業後，休み時間にいつでも遊べるように「巨大迷路」を教室内に置いておきました。すると，1人の子どもが，大好きなアルファベットを転がす物にして遊び始めました。隣で音楽を聴いていた友達もその遊びに興味をもち，一緒に遊ぶ姿が見られました。

子どもの好きなキャラクターがあったら，「このキャラクターをゴールまで協力して連れて行ってあげよう」などと，ストーリーを設定しながらゲーム感覚で取り組むこともできると思います。

38 ボールはこびボード

ねらい
- 友達と協力してボールを落とさずに運ぶことができる
- バランス感覚の向上

対象
- 他者とのかかわりを増やしたいグループ

活動場面
- 自立活動

作り方

用意するもの：長方形の板：1枚（MDF材，幅30cm×長さ60cm×厚さ6mm），園芸用ポール：2本（長さ90cm，直径16mm程度），角衝突防止クッション：4個，布ガムテープ，固定用テーピング，ボードで運ぶ物：10個程度（色や大きさの違う物，本実践ではボールと栗を使いました）

❶ 長方形の板の裏に，園芸用ポールをガムテープで貼り付ける。

❷ 角衝突防止クッションを板の四隅に貼り付け，その上をガムテープで覆う。

❸ 持ち手になる部分のポールをテーピングなどで巻き付け，握りやすいようにする。

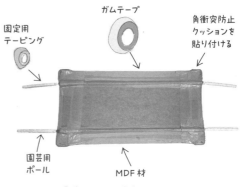

固定用テーピング　ガムテープ　角衝突防止クッションを貼り付ける

園芸用ポール　MDF材

「ボールはこびボード」の裏面

使い方

❶ ペアになり，「ボールはこびボード」の両側の持ち手をそれぞれ握る。

※準備ができたら，ボードの上にボールなどを乗せてもらいます。

❷ ゴールまでボードの上の物が落ちないように2人で協力して運ぶ（用意した運ぶ物の数だけ繰り返す）。

※本実践では，ゴールにかごを用意して，運んだ物をその中に入れてもらいました。

※ボールなどが落ちたら立ち止まり，拾って再びボードに乗せて運びます。

❸ ボールなどをすべてゴールまで運び終えたら成功（終了）。

活動レポート

○ 目標を設定し，ペア活動の充実を図りたい

　小学部の1〜6年生までの6人の自立活動のグループ学習で，ペアでゲームをする活動を行う際，2人が同じ目標に向かって協力できるものにしたいと考えました。

　本グループの子どもたちは，言語の発達段階としては比較的高いものの，自分から他者とかかわろうとしたりすることが苦手なメンバーでした。そこで意図的に場面を設定することにして，「ボールはこびボート」を使った実践を行いました。

○ 教師の支援は少なめに，子どもたち自身のかかわりを尊重

　授業ごとにペアの組み合わせをくじ引きで決めながら取り組みました。

　ボードを持つ高さや角度，歩くスピードなどを2人で合わせなければ，乗せた物はボードから簡単に落ちてしまいます。そこで，歩くスピードやボードを持つ高さなど，互いの意図を読み取りながら行動を調整したり，会話を通して直接コミュニケーションをとったりしながら，2人で運び方を考えて，活動に取り組む姿が見られました。

　指導の際には，言葉かけなどの支援は極力行わないように心がけ，子どもたち自身の調整やコミュニケーションを尊重しました。ボールを落としてしまったときも教師は見守ることにしました。子どもたちは一緒にボールを拾いに行ったり，1人でボールを拾い，もう1人は落とした地点で待ってあげたりしました。落とさずにボールを運ぶことができたときはとてもうれしそうで，残りのボールも落とさずに運ぼうと，夢中になって取り組む姿が見られました。

★実態に合わせた応用アイデア

　この教材・教具は，裏面にはポールが貼り付けてあるため，ボールが引っかかって落ちにくくなります。このゲームではボードを裏返すことを反則とはせず，むしろそれに気づくことで何かコミュニケーションが生まれないかと期待していました。

　何回もボールを落とす中，Aさんは，「裏返しにしよう」とペアの相手に提案しました。そして2人で裏返して，スムーズにゲームを達成することができました。ボールを落とす回数が減って，2人とも非常にうれしそうでした。Aさんは，この成功経験からその後もボードを裏返すように提案しました。その様子を見た他の子どももまねするようになりました。

39 落ちない風船

ねらい	●	仲間と協力して，風船を使ったゲームに取り組むことができる
対象	●	仲間と協力したり，他者を理解したりすることに課題がある
活動場面	●	自立活動

作り方

用意するもの：ゴム風船：1つ（膨らむと直径が 30cm 程度になるもの），ヘリウムガス

❶ **風船に空気を入れて少し膨らます。**

※先に空気を入れて，ある程度の大きさに膨らませてからヘリウムガスを入れると，ヘリウムガスの調整がしやすいです。また，口で膨らます場合は，ヘリウムガスを吸ってしまわないように先に空気を入れたほうが安全です。

❷ **❶の風船にヘリウムガスを入れて膨らます。**

※ヘリウムガスの分量は，実際に使用しながら調整します。

使い方

❶ **ヘリウムガスを入れた風船を試しに使う。**

※風船が落ちる速度が遅すぎる場合や早すぎる場合があるので，風船バレーをするメンバーの様子を見て，以下の例のようにヘリウムガスの量を調整します。

例）・素早く動くことが得意，風船に注目していることができるといった子どもの場合は，ヘリウムガスを少なくして，風船の落ちる速度を早めにします。

・動くことが苦手，風船を見ていないときがあるといったような子どもの場合は，ヘリウムガスを多めに入れて，ゆっくり落ちるようにします。

❷ **「落ちない風船」で風船バレーをする。**

※本実践では，体育館などで8人程度で円になり，協力して風船バレーのラリーをたくさん続ける活動に取り組みました。また，2対2のチームに分かれて対戦方式でも行いました。ペアの仲間と声をかけ合ったり協力したりする環境を設定するため，「必ず2回で返す」等のルールを取り入れました。

○ 風船バレーのラリーが続かない

中学部の自立活動の指導で，風船バレーに取り組みました。風船バレーを通して，仲間と声をかけ合うことや協力する姿を期待しましたが，空気を入れただけの風船だと1，2回で風船が落ちてしまい，ラリーが続かないことが多くありました。

そこで，風船にヘリウムガスを入れ，よりゆっくりと風船が動くように工夫しました。

○ ラリーが続いて，仲間と協力する姿が見られた

「落ちない風船」を用いると，ラリーが続くようになって，期待していたとおりの授業展開ができるようになりました。声を合わせて回数を数えたり，「お願い」「○○さんだよ」「○○さん上手」「がんばれ」など仲間に声をかけ合ったり，協力したりして風船バレーに取り組む姿が見られました。また，ゆっくりとした動きの子どもでも，風船バレーに参加することができました。長く続けるために，優しく仲間の方向に打つことや仲間の後ろに入ってカバーするなど，工夫して取り組む子どももいました。

2対2の対戦方式で取り組んだ際には，長いラリーの中での白熱した対戦を楽しむことができました。また，審判や応援など役割分担をしながら，「行くよ」や「○○さん，行ったよ！」「がんばれ！」などの，場面に応じた言葉かけや行動を学ぶことができました。学習を積み重ねることにより，体育などの場面でも，ほかの友達を応援するなどの姿も見られるようになりました。

★実態に合わせた応用アイデア ------------------------------

以前，就学前の子どもが学校に遊びに来る機会がありました。おもちゃ箱にあった風船で担当者と遊び始めましたが，風船のラリーが続かないので少しヘリウムガスを入れました。ゆっくりと落ちてくる風船を追いかけて，しばらく楽しく遊ぶことができました。このときの様子から，幼稚部や小学部の子どもの遊びの場面でも活用できると考えています。

また，近隣の小学校との交流及び共同学習の活動で，2人でペアになり，新聞紙の上に風船を乗せて運ぶリレー式の遊びを行いました。本校の子どもと他校の子どものペアでは，本校の子どもがバランスよく新聞紙を持つことがむずかしいため，たびたび風船が落ちて，活動がストップしました。2回目の交流及び共同学習のときに「落ちない風船」を使うと，新聞紙から風船が落ちそうになってもしばらく浮いているので，床に落ちる前に新聞紙ですくいながらリレーを続けることができ，大変盛り上がりました。

風船遊びは，室内であれば場所を選ばす，どこでもできる活動です。年齢も，人数も制限はありません。風船を使って活動をするときにはちょっと役立つ「落ちない風船」です。

----

40 レシピゲーム

※カードゲーム「レシピ−定番料理編−」（株式会社ホッパーエンターテイメント）から着想を得て作成した教材・教具による実践。

ねらい	● ゲームのルールが理解できる ● 友達とコミュニケーションがとれる
対象	● 友達とかかわることが苦手 ● 絵を見てマッチングすることができる
活動場面	● 課題学習やくらすタイム（各教科等を合わせた指導）

作り方

用意するもの：コピー用紙，ラミネートフィルム，ラミネーター，両面テープ付きマジックテープ（透明タイプ），材料カードを入れる箱またはカゴ

❶ 子どもの好きな料理とその材料の絵が載った「メニューカード」，材料の絵が載った「材料カード」を作る。

※本実践では Word で作成しました。

※「メニューカード」はB４サイズで，複数枚作ります。

※「材料カード」は「メニューカード」をコピーして材料の絵を切り取って作ります。

❷ 「メニューカード」と「材料カード」にラミネートをかける。

❸ 「メニューカード」と「材料カード」にマジックテープを貼る。

※「メニューカード」の材料の絵に，マジックテープのフック面を，「材料カード」の裏にループ面を貼ります。貼り終えたら「材料カード」は「メニューカード」の同じ絵にそれぞれ貼ります。

❹ ゲームのやりとりで使う「ルールカード」を作成する。

※行動する場面とそのとき話す言葉をセットにして，みんなに見える大きさに印刷して，ボードなどに貼っておきます。

メニューカード

材料カード

カードをあげるとき
「どうぞ」

ルールカード

使い方

❶ 数枚の「メニューカード」の中からそれぞれ作りたいメニューを１つ選んで，「メニューカード」に貼ってある「材料カード」をはずして箱に入れる。

❷ 順番を決め，順番に箱から「材料カード」を１枚ずつ引く。

❸ 引いた「材料カード」が自分の「メニューカード」にあったら，マッチングして材料カードを貼る。「メニューカード」になかった場合は，「○○（材料名）がほしい人？」と全体に呼びかける。

❹ 「材料カード」が欲しい子どもは，「ほしいです」「はい！」などと言い，相手から材料カードを「ありがとう」と言って受け取る。

※「材料カード」が欲しい子どもが複数いる場合は，じゃんけんでもらえる人を決めます。

❺ 「材料カード」がすべてそろったら，「できました」「完成！」などと全体に伝え，前に出て，できたメニューを紹介する。

❻ 全員のメニューが完成するまで続ける。

活動レポート

○ 身近な教材・教具で興味をひきながら友達と協力する活動を取り入れたい

　中学部の課題学習やくらすタイム（いずれも各教科等を合わせた指導）で行いました。子どもの身近にある物や興味がある物を用いて，友達とできる教材・教具を作りたいと考えている中で，「レシピ」というカードゲームに出会いました。ゲームを参考に，子どもの好きな料理を選び，実態に合わせたやり方でゲームに取り組むことにしました。

○ ゲームを通してコミュニケーションを習得

　「材料カード」のやりとりの場面では，回数を重ねていく中で「どうぞ」「ありがとう」と自分から伝える場面が増えていきました。

　また，「材料カード」を欲しい子どもが複数人いる場面では，じゃんけんをして負けたときに「次，がんばろう」と気持ちを切り替えようとする姿や，じゃんけんをせずに相手にカードを譲る姿も見られました。

★実態に合わせた応用アイデア

　子どもが1人で1枚の「メニューカード」を完成させるのではなく，ペアやグループで複数枚の「メニューカード」を協力して完成させる方法も考えられます。

　今回は，教師が料理を考えて「メニューカード」と「材料カード」を作成しましたが，子どもたち自身に好きな料理や必要な材料を考えてもらったり，絵を描いてもらったりして，オリジナルカードを作って取り組むこともできます。

41 なかよしすごろく

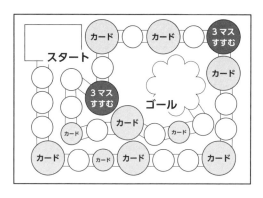

ねらい ● ゲームを通して新しい仲間とかかわり合うことができる

対象 ● 自発的に友達とかかわることがむずかしい

活動場面 ● 学級開き，グループ活動のオリエンテーション

作り方

用意するもの：コピー用紙，模造紙，画用紙，子どもの顔写真，ストローか割り箸，セロハンテープ，サイコロ（本実践では，サイコロアプリを使用しました），すごろくのコマ（子どもの人数分）

❶ すごろくのマス目を作る。

※Wordで自作したり，無料のすごろくのテンプレートを利用したりします。

❷ すごろくのマス目に色をつけ，「カードマス」を作り，すごろくを完成させる。

※「1回休み」「3マスすすむ」などのマス目を加えたりしてすごろくを完成させ，模造紙サイズに印刷します。

❸ 「ミッションカード」を作る。

※画用紙に「〇〇さんとグータッチ」「〇〇さんとハイ，チーズ」「〇〇さんとストレッチ」「〇〇さんとじゃんけん」「〇〇さんとにらめっこ」など，文字を書いたりイラストを描いたりして作ります。または，Wordなどで作成して印刷して作ります。

❹ 「相手カード」を作る。

※子どもの顔写真に，ストローや割り箸などを貼り付けて持ち手にします。

ミッションカード

相手カード

使い方

❶ すごろくのシートを黒板に貼って，サイコロ，子どもの人数分のコマを用意する。

※コマは，子どもの顔写真や名前を丸いマグネットに貼り付けたものを使用しました。

❷ サイコロを振る順番を決める。

❸ サイコロを振って，出た目の数だけコマを進める。

❹ 「カードマス」に止まったら，「ミッションカード」を1枚引き，次に「相手カード」を
1枚引く。

※カードは，内容が見えないように子どもに引いてもらいます。

❺ 「相手カード」で引いた相手を誘って，一緒にミッションに取り組む。

❻ 全員がゴールするまで続ける。

活動レポート

○ 学級開きのかかわりづくりに

新学期などに新しい仲間と学習をスタートする際，ミッションにペアで取り組むこと
で，相手や仲間を意識したり，自然にかかわったりできるようにしたいと考えました。

○ 普段かかわらない相手とも話をするきっかけになった

「カードマス」に止まった際に，どんなミッション
が当たるか，自分の好きなミッションになるかなど，
期待しながら取り組む様子が見られました。また，一
緒に取り組む相手についても，カードを引いた際に，
喜んだり，照れたりするなどさまざまな気持ちが表れ
ていました。

活動相手をランダムに引くようにすることで，普段
はかかわりが少ない子どもとも自然にかかわる機会と
なっていました。

また，タブレット端末からサイコロアプリを使って
サイコロをテレビ画面にも映すことで，サイコロを振
る子どもはもちろん，ほかの子どももサイコロや友達
の様子に注目することができました。

★実態に合わせた応用アイデア

新学期だけでなく，教育実習生が来たときにも楽しくかかわりをもてるツールとして活用
することができました。交流学習などでも活用できると考えます。

また，相手を誘う際の言い方などを「〇〇さん，いっしょに〜しよう」と書かれたカード
を提示して事前に確認し，それをルールにしてコミュニケーションの表出にかかわる指導に
ついてもアプローチすることができました。ミッション内容や相手カードを変えることで，
ペアでの活動だけでなく3人以上での活動も，ねらいに応じて設定することができます。

質問すごろく

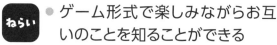

ねらい
- ゲーム形式で楽しみながらお互いのことを知ることができる

対象
- 他者に興味がある
- 相手のことがわかると安心できる

活動場面
- 年度始めの最初の学習

※本実践のルールは，SST ボードゲーム「なかよしチャレンジ」（クリエーションアカデミー）を参考にしました。

作り方

用意するもの：コピー用紙（質問すごろくと質問カード用），コマ（子どもの人数分），サイコロ※，子どもたちの顔写真（顔写真カード用）

※本実践では，感染症予防の観点から一人一台のタブレット端末にサイコロのアプリをインストールして活用しました。

❶ 「質問すごろく」のスタートからゴールまでのマス目を作る。

※ Word の罫線や表の機能で作成しました。

❷ マスの内容を考えて，❶で作ったマス目に配置する。

※「質問マス」「○マスすすむ」「1回休み」「☆（マーク）」「☆のマスにワープ（☆などのマークのマスにワープするマス）」を配置しました。「質問マス」には色（本実践では水色）を付けました。

❸ 「質問すごろく」を子どもが見やすいように拡大して印刷する。

❹ 「質問カード」と「顔写真カード」を作って印刷する。

※「質問カード」の質問内容は「すきな食べ物は何ですか」「誕生日は何月何日ですか」など，お互いのことを知ることができるものにします。

※「質問すごろく」のマスの数や「質問カード」の内容は子どもの様子を見ながら設定しました。

> すきな食べ物は
> 何ですか。
>
> 質問カード例

使い方

❶ 「質問すごろく」の目的（「質問すごろく」を通して新しい仲間のことを知る），およびやり方（質問マスに止まったらカードを1枚引いて質問に答えるなど）を確認する。

❷ サイコロを振る順番を「顔写真カード」で黒板に掲示する。

❸ 順番にサイコロを振り，出た目の数だけコマを進める。

❹ 止まったマスの内容を確認する。「質問マス」の場合，「質問カード」を1枚引く。

❺ 引いた「質問カード」を教師に渡し，教師がそのカードを見ながら質問する。子どもはみんなに聞こえる声の大きさで質問に答える。

❻ 全員がゴールするまで続ける。

すきな飲み物は何ですか。	すきな色は何ですか。	すきな動物は何ですか。
朝ごはんは何を食べましたか。	すきなあそびは何ですか。	誕生日は何月何日ですか。

いろいろな質問カード

活動レポート

○ 一年間学習を共にする仲間と知り合うきっかけづくり

中学部の認知・概念（各教科等を合わせた指導）の学習グループは，異学年の子どもで構成されています。年度始めはお互いのことをよく知らない状況のため，同じグループの仲間の好きな物は何かなどをゲーム形式で知ることで，仲間とともに安心して一年間の学習を開始できるようにしたいと考えました。

○ [質問すごろく] で楽しみながらお互いのことを知ることができた

「質問すごろく」を始めると，仲間がどのマスに止まるか注目しながら取り組んでいました。また，「質問すごろく」の目的を前もって確認していたので，ゴールに到着する順番にこだわる様子も見られず，落ち着いて活動できました。

「質問マスに」止まったときには，「質問カード」を教師に渡し，質問に耳を傾けながら答えていました。その回答を聞いて，「私も同じ！」と反応する子どももいました。質問の答えがなかなか出てこないときには，教師のほうからいくつか選択肢を示すことで安心して回答できる子どももいました。楽しみながらお互いのことを知ることで，ペアで活動する場面などで安心感があったのではないかと思います。

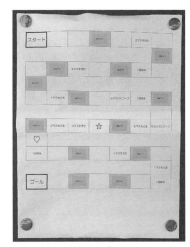

質問すごろく

★実態に合わせた応用アイデア --------------

「質問すごろく」の1回目は，教師が質問内容を考えましたが，2回目は，「好きな曲は何ですか」「サザエさんは好きですか」など，子どもが考えた仲間に聞いてみたい内容を追加しました。2回目の「質問すごろく」も楽しく取り組むことができました。

1つの「質問カード」に対し数枚の答えのカードを用意し，選択肢から答えを選ぶようにするなど，答え方のバリエーションを増やしてみても，楽しいすごろくになると思います。

43 おはなし OK・NG カード

おはなし OK

おはなし NG

ねらい
- 自分の気持ちを相手に伝えることができる
- 相手の気持ちが視覚的にわかる

対象
- 言葉で気持ちを伝えるのが苦手
- 相手の状況を察するのが苦手

活動場面
- 係活動での話し合い活動，休み時間

作り方

用意するもの：カードを作るための用紙（画用紙やコピー用紙など），はさみ，ボールペンなど

❶ カードの大きさを決める。

※子どもの実態に応じて決めます。ただしあまり大きいと置く場所に困るので注意が必要です。

❷ カードの用紙を❶で決めた大きさに切る。

※パソコンで作成する場合は，❶で決めた大きさで印刷してもよいですし，大きい紙に印刷して，決めた大きさに切ってもよいです。

❸ カードの表面に「おはなしOK」，裏面に「おはなしNG」と書く。

※カードの空いているスペースに，自分の好きなイラストを描いたり，貼ったりすると愛着が湧いて，使う動機付けになります。

※コピー用紙で作成した場合は，ラミネート加工すると使いやすくなります。

おはなし OK

> **ちょっと一工夫** 「おはなしOK」，「おはなしNG」を，使う子どもにとってわかりやすい言葉に変えることもできます。また，話しているイラストに〇印や×印をつけることなどもよいと思います。

使い方

❶ 自分が好きな活動にひとりで取り組みたいときには，机や台などの上に「おはなしNG」の面を上にして，カードを置く。

❷ 好きな活動が終わったり，話をしてもよいと思ったら，「おはなしOK」の面を上にしてカードを置く。

おはなし NG　　おはなし OK

活動レポート

○ 一方的なコミュニケーション場面がたびたび見られた

　高等部では，授業の合間の休み時間や昼休みに，子どもたちは，それぞれ思い思いの過ごし方をしています。その際，友達と話をしたいときに，相手の状況を理解せずに一方的に自分の好きな話題を話し続ける子どもがいました。話しかけられた相手は「今はひとりで過ごしたい」という思いを伝えられず，困っている様子でした。そこで，自分の気持ちや状況を相手に視覚的に伝えることで，お互いが円滑にコミュニケーションをとることができる方法がないかと考え，「おはなし OK・NG カード」を導入しました。

○ 「自分の気持ちを表現する」「相手の気持ちを理解する」の両方に役立った

　最初は教師が子どもたちに見本を見せて使い方を説明しました。また，実際の場面に介入して，「いまはお話 OK ですか？　NG ですか？」と聞いてカードを置いてもらうようにしました。このやり取りを数回繰り返すうちに，話したくないときは，自分からカードの「おはなし NG」を上に向けて置いてから，パソコンでの余暇を過ごす子どもも出てきました。その様子を見ていた別の子どもは，話したい相手に話しかけるのを待ったり，別の相手に話しかけたりするようになりました。

　また，子どもの好きなキャラクターをカードに付け加えたり，キャラクターの表情で OK と NG の区別をつけたりしたところ，「自分の気持ちは今はこれです」とカードを見せて，気持ちを表現する子どももいました。

おはなし NG カード

★実態に合わせた応用アイデア

　このカードが気持ちの表現のきっかけになり，カードに書かれている言葉を自分から，状況に応じて適切に使うことができるとさらによいと思います。そのために，カードを使っている場面で教師が「いまは○○な気持ちなんだね」と代弁したり，カードを見せながら「いまはどんな気持ち？」，「どうしたい？」などと本人が言葉で伝える機会を提供したりすると，「いまはひとりがいいです」などと言葉で返してくれるようになり，さらに教育効果が高まるのではないでしょうか。

　「おはなし OK・NG」だけではなく，「いまはひとりで過ごしたいです」，「ちょっと話しかけてもいいですか」など，具体的な会話の言葉をカードに表示して，その通りに言う練習なども一つの方法だと思います。使う言葉の種類も子どもの実態や必要性に応じて増やしていくと，コミュニケーション能力の拡大にもつながると考えられます。

44 ほめ方・はげまし方テクニック

ねらい ● 日常の場面設定に合わせ，自分が使いやすいほめ言葉・はげまし方を選び，使うことができる

対象 ● 視覚支援が有効な子どもや集団

活動場面 ● 学級活動，ソーシャルスキルトレーニング

※『ほめ方はげまし方　テクニック（間瀬晴香著，「健」 2018 年 2 月号）』を活用した実践。

作り方

用意するもの：コピー用紙，ラミネートフィルム，ラミネーター，磁石，ビニール袋や空箱，マスキングテープ

❶ 「ほめ方（星形）」と「はげまし方（ハート形）」のカードを印刷し，ラミネート加工をする。裏面には磁石を貼り付ける。

※ Word などで。さまざまな言葉のカードを作ります。

はげまし方のカード

❷ 日常の場面を設定した「シート」を印刷し，ラミネート加工をする。裏面には磁石を貼り付ける。

❸ ほめ方・はげまし方カードを入れる「BOX」を空箱やビニール袋を使って作成し，裏面に磁石を貼り付ける。

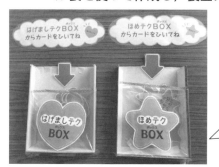

「BOX」は中身が見えやすいように空箱とビニールを組み合わせて作りましたが，クリアファイルで代用してもよいと思います。

日常の場面を設定したシート

使い方

● 日常の場面を設定した「シート」の場面に合わせて「BOX」の中から言葉（カード）を選び，シートの該当する場面の横に貼る。

※日常の場面設定については，子どもの実態やコミュニケーションの課題に合わせて設定することをお勧めします。カードは何枚貼っても構いません。

○ ソーシャルスキルを楽しく学んでもらいたい

　自尊感情や自己肯定感の低下や他者理解の困難さから，人間関係のトラブルにつながることが多くみられました。例えばＡさんは，特定の子どもに対し，自分よりも先に発言や行動をしようとすると強い口調で制止し，トラブルになりました。失敗や思うように物事が進まないと落ち込んでマイナス思考になり，気持ちの切り替えもむずかしくなり，自信のなさが他者攻撃につながりやすくなっているといった状況がありました。

　そこで，小学部から高等部まで，興味・関心をもったときに気軽に立ち止まってソーシャルスキルを楽しく学べる教材・教具として「ほめ方・はげまし方テクニック」を保健室の入り口横に掲示して日常的に活用できるようにしました。

　クラスでトラブルになりやすいことや友達ががんばったとき，困っているときなどさまざまな場面を設定し，複数のカードから自分に合ったほめ方・はげまし方を選択することで，自他を認める声かけのスキルを身につける機会にしたいと考えました。

○ 他者理解を深めるきっかけにもなった

　休憩時間や移動する際に足を止め，小中学部の子どもたちは，教師や支援員と一緒にカードを選び，高等部の子どもは，自分で選んで思い思いに取り組んでいました。

　子どもたちに「自分が使えそうな言葉はどれかな」と声をかけると，「お母さんが言う（母親にかけてもらった言葉）」「（友達に）言ったことがある」と自分の経験を振り返りながら選んでいました。

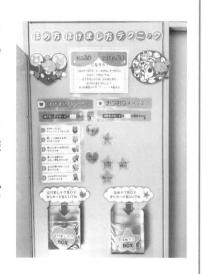

　また，「これいいね」「自分は，こっちがいい」と選ぶ子どももおり，ふだん使っていない声かけを知る機会になっていました。他の人が選んで貼った言葉を見て，自分と違う考えを知ることで，「他者理解」を深めるきっかけとなる様子もうかがえました。

★実態に合わせた応用アイデア

　学校以外の学童や児童デイサービスといった関係機関でも，さまざまなコミュニケーションの課題に合わせて活用・応用できる教材・教具になると考えます。デイサービスの職員の方から，子ども同士で言い合いになると，きつい言葉が飛び交いけんかに発展しやすいことが多いので，伝え方の工夫を子どもたちと考える機会に使いたいと言われたことがあります。

45 ワクワクびっくり日記

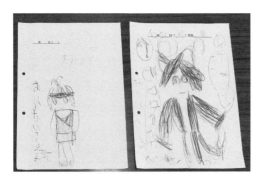

ねらい
- 「ワクワクしたこと」などを日記にかく（書く，描く）ことで，ポジティブな話題を他者と共有できる

対象
- 不安傾向が強い
- かく（書く，描く）ことが好き

活動場面
- 朝の会，休み時間など

作り方

用意するもの：A4サイズの紙ファイルと日記用の用紙

❶ 紙ファイルの表紙に貼る画像を子どもに探してもらい，決まったら印刷する。
❷ 印刷した画像を紙ファイルの表紙などに貼る。
❸ 紙ファイルの表紙に「ワクワクびっくり日記」と書く。

使い方

❶ 「ワクワクびっくり日記」を記入する。

※登校後，荷物整理や朝の着替えが完了したら始めます。子どもに日記の用紙を渡して「昨日あったワクワクしたことやビックリしたこと，うれしかったことなどがあったら日記にかいて教えてね」などと伝えます。

※日記の書式は固定せず，文章でも絵でもかきたいことをかいてもらいます。

❷ 「ワクワクびっくり日記」をかき終えたら，その内容について，教師とコミュニケーションをとる。

※その日にかいた日記は紙ファイルにとじます。

活動レポート

○ 悲しい出来事を思い出しがちだった A さん

　本教材・教具は，高等部３年生の A さんを対象に活用しました。A さんは，ふとした
きっかけで昔のネガティブな記憶を思い出してしまい，日常的にマイナス思考になりやす
く，精神的に不安定になったり自傷行為をしたりする様子が見られました。家庭や放
課後等デイサービスでも「一度気持ちが落ち込むと精神的に不安定な状況が長引きやす
い」といった様子が聞かれました。そこで，A さんのポジティブな言動や話題を引き出
して共有することをねらいとして，「ワクワクびっくり日記」を用いました。

○ 楽しかったことに関する話題でのコミュニケーションが増加

　「ワクワクびっくり日記」を始めたところ，A さ
んは意欲的に日記に取り組みました。登校時間が遅
くなった日や朝の日課が変則的になった日には教師
と相談して昼休みにかきました。かかなかった日も
ありますが，継続して取り組めていることに自信を
もっている様子が見られました。長期休業前には，
『休業中の宿題として「ワクワクびっくり日記」に
取り組みたい』と言って，１日１枚かきました。

A さんのワクワクびっくり日記

　A さんは，「ワクワクびっくり日記」が完成すると，それを持って教師のところへ話し
に来ることが多く，以前よりも，ネガティブな話題が減少し，楽しかったことやうれし
かったことなどの話題でコミュニケーションをとることが増加しました。

　また，高等部の「１学期報告会」では，『「ワクワクびっくり日記」の内容をみんなに知っ
てもらいたい』と，いままでにかいた日記からベスト３を選んでその内容を発表しました。

　「ワクワクびっくり日記」でかいた内容は，その日の放課後等デイサービスでも職員の
方にうれしそうに話すことが多く，ネガティブな話題でのコミュニケーションが減少し
たようです。職員の方もポジティブな話題でのコミュニケーションが増えたことを喜
び，その様子を家庭に伝えることで保護者も安心した様子でした。

★実態に合わせた応用アイデア ------------------------

　本教材・教具は，必要な道具も少なく，持ち運びも可能です。卒業後も大学ノートなどを
自分で準備して取り組みを継続できればと考えています。「ワクワクびっくり日記」をかくこ
とは，課題としての取り組みというより，ひとりで取り組むことができる余暇活動の一つとし
て機能しているため，卒業後も就業先の福祉事業所内などでの余暇として活用できそうです。

4章

せいかつ

　本章では，知的障害の特性に基づく，生活に根ざした指導を展開するための教材・教具を掲載しています。例えば，歯磨きや手洗いなどの基本的な ADL（日常生活動作）スキルや簡易調理スキルといった衣食住に関するものがあります。お手伝いや役割を担うことは，子どもの自信にもつながります。また，横断歩道の渡り方や買い物といった社会生活のルールを学ぶものもあります。どの教材・教具も「わかる」「できる」という自己肯定感を高める工夫がなされています。

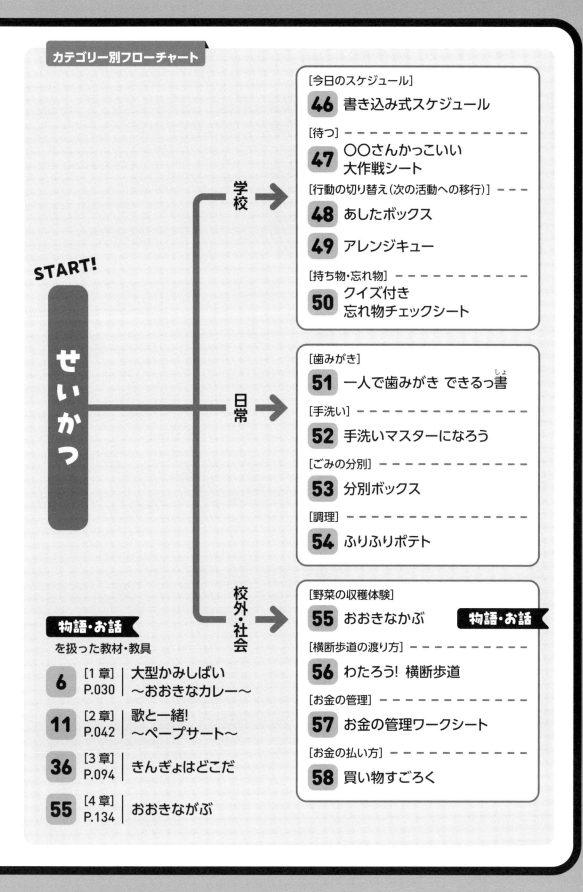

ねらい	● 活動への見通しをもって，主体的な行動につなげる
対象	● 見通しがもてると安心できる ● 書字に意欲がある
活動場面	● 登校後の朝学習の時間

作り方

❶ A5 サイズのスケジュールの枠を作る（図1）。

※ワープロソフト（Word や 一太郎など）で作ります。

※1曜日あたり1枚，月曜日～金曜日までの計5枚作ります。

※スケジュール枠に学習活動以外の活動（着替えなど）はあらかじめ記入し，学習活動を書き込めるスペースを作ります。また，子どもの好きなイラストや「今日は，○○をするよ」といった学習内容の予告を載せます。

図1　1日分のスケジュールの枠

図2　週の最後に教師から子どもに渡すメッセージ

❷ A5 サイズの教師からのメッセージを作る（図2）。

※メッセージは1週間につき1枚作り，週の最後に子どもに渡します。子どもが好きなキャラクターなどとともに，教師からのメッセージを書きます。

❸ リングファイルに1週間分のスケジュールの枠（「書込み式スケジュール」）と教師からのメッセージをとじて，子どもに渡す。

使い方

❶ 登校したら，ホワイトボードの時間割を見ながら，その日の予定を「書込み式スケジュール」に書き込む。

❷ 1日が終わったら，その日のスケジュールをリングファイルから取りはずして，下校前に教師に渡す。

❸ 週の最後に教師からのメッセージを見て，振り返る。

○ スケジュールに興味・関心をもってもらいたい

　以前，Ａさんは活動の直前にスケジュールを見て，活動が終了したらチェックをしていくスタイルで個別スケジュールを使用していました。しかし，自分からあまりチェックをしないことが気になっていました。

　そこで，Ａさんがスケジュールに興味・関心をもち，「使いたい」と思えるような教材・教具を作りたいと思い，朝にその日のスケジュールを書き込むスタイルに変更しようと考えました。

○ 実際に書く活動を取り入れたことによるさまざまな効果

　字を書いたり読んだりすることが好きなＡさんに，「書字」するという活動がフィットしました。

　「しんろさぎょう」や「じゅちゅう」「ちいきかつどう」「せいかつじっせん」など，むずかしい授業名もスケジュールに書き込むことで，上手に声に出して伝える場面が増えました。実際に自分で書くという活動を取り入れたことで，「集中して見る」「書く」「読む」ということにつながっています。

　また，スケジュールを見て，「今日は，○○（がある）ね」と，身近な教師に自分から伝えることも増えました。そして，学習活動の場所に遅れずに移動できるようになったり，必要な持ち物の準備を自分から進んでできるようになったりしました。

　この「書き込み式スケジュール」は，学習名を記入するもので，内容は記入しないのですが，Ａさんは，スケジュールを見て「○○におでかけするね」「○○を買うよ」など，内容について話すようになりました。結果的に，学習の内容が少しわかることも，安心して活動することへつながっているのかもしれません。

★ 実態に合わせた応用アイデア

　Ａさんが自分の写真を見るのが好きな子どもだったので，続けていくうちに，Ａさんががんばっていた姿や意識してほしい姿の写真やメッセージを載せるようにしました（図3）。

　一緒に写真を見ながら，「このときのＡさんすばらしかったね。今日もこんなＡさんを見たいな」などと伝えました。

　Ａさんは，写真に写る姿を良い姿と捉えるようになりました。長時間の作業学習では，ふざけることが少なくなり，黙々と作業に取り組むようになりました。

「ぎょもう」のリサイクル，かっこいい!!

図3　スケジュールの枠の横に載せた写真とメッセージ

47 ○○さんかっこいい大作戦シート

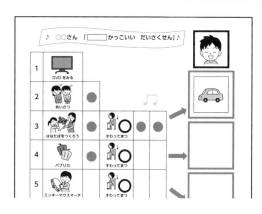

ねらい
- 待ち時間を楽しく過ごせる
- 活動の見通しがもてる

対象
- 離席が多い

活動場面
- 集団での学習場面，行事など

作り方

用意するもの：A4サイズのコピー用紙，ラミネートフィルム，ラミネーター，マジックテープ，丸シール

❶「○○さんかっこいい大作戦シート」を作る。

※1つの学習活動について1枚，以下の項目の表をWordなどで作成します。
①学習活動の流れ
②待ち時間の目標（すわってまつ）
③イラストカードを貼る欄

※①と②の欄には子どもの実態に合わせて，文字やイラストを入れます。また，学習活動の流れの中で，特に子どもにがんばってほしい活動の横にシールを貼る欄を作ります。

❷「イラストカード」を作る。

※シールを集めた報酬として，③に貼るカードを子どもの好きなキャラクターなどの画像を印刷して作ります。数種類用意して選べるようにします。

❸シートとイラストカードをラミネート加工する。

❹シートとイラストカードにマジックテープを付ける（完成）。

※シートのイラストカードを貼る欄にマジックテープのループ面，イラストカードの裏にフック面を貼ります。

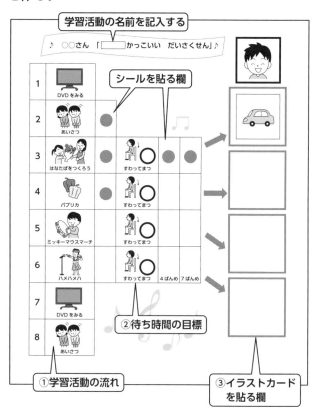

○○さんかっこいい大作戦シート（Aさんの音楽の時間の例）

118

使い方

❶ 教師は，学習活動の前に「○○さんかっこいい大作戦シート」を子どもに見せて，使い方や活動の流れを確認する。

❷ 子どもに集めたいイラストカードを決めてもらう。

❸ １つの活動が終わるごとに丸シールを貼る。

　※丸シールは教師が子どもに手渡し，子どもが自分で貼りました。

❹ 活動のまとまりごとに丸シールが全部貼れたら，イラストカードを１枚シートに貼る。

活動レポート

○ 待ち時間に離席してしまうことの多かった A さん

　A さんは，ヒーローなどが好きでとても元気がよく，お話をすることも体を動かすことも好きです。いろいろなことが気になり，集団の活動場面では，待ち時間にじっとしていることが苦手で，友達の活動中に離席してしまうことがたびたびありました。

○ 報酬のイラストカードで楽しく待てるように

　A さんは，座って待つことが苦手だったので，座って待つことをがんばったあとにカードをもらえるようにしました。そして，座って待つことができたら「かっこいいね」と言葉やジェスチャーで褒めることも同時に行いました。

　目標を達成できたときにポイント（トークン）を与え，一定数ポイントが貯まったら報酬がもらえるトークンシステムの活用で，A さんは，好きなキャラクターなどのカードを集めて，そのカードを見たり，手にとって静かにごっこ遊びをしたりしながら，友達の活動中は自分の席で座って待つことができるようになりました。

　また，「すわってまつ」という項目のシールが貯まっていくことで活動の終わりや次の活動がわかりやすくなり，見通しをもつこともできました。

　学習活動中の自分の活動がわかったこと，集めた複数枚のカードをシートからはずして手に取って使うことができたことが作戦成功のポイントでした。

★実態に合わせた応用アイデア ----------------------------

　体育館やグラウンドなど広い空間になるほど，じっとしているのがむずかしかった A さんですが，同じように「○○さんかっこいい大作戦シート」を活用することで，活動に見通しをもって，楽しく待ち時間を過ごすことが増えてきました。

　A さんは，好きな物にブームがあったので，複数のシリーズのカードを用意することで，モチベーションも上がり，適切に待ち時間を過ごして活動に参加することができました。

----

48 あしたボックス

ねらい ● 作業を中断して次の活動に移る
ことができる

対象 ● 気持ちの切り替えが苦手

活動場面 ● 日常生活の指導

作り方

用意するもの：ボックス，紙，筆記用具

❶ ボックス（制作途中の作品などが入る大きさの箱またはカゴ）を用意する。

❷ 紙に「あしたボックス」というタイトルと，子どもの好きなキャラクターが「つづきは
あしたやろうね」と話しているイラストを描いて，ボックスに貼る（完成）。

※好きなキャラクターのイラストなどは，パソコンで検索して印刷したものを貼ってもよいです。

使い方

❶ 本人にとってわかりやすく，他の子どもに触られることのない場所に，「あしたボック
ス」を置く。

※本実践では，子どもが自分のかばんや授業で使用するファイルや道具を入れるカラーボックスに置
いていました。

❷ 次の活動が始まる時間になったら，制作途中の作品などを「あしたボックス」に入れる。

※「○○の時間だよ。続きは明日。あしたボックスに入れようね」などと声をかけました。

❸ 次の日，「あしたボックス」に入れた作品作りの続きに取り組む時間を必ず保障する。

○ 折り紙を中断できず，帰りの会に参加できない A さん

　帰りの会前（日常生活の指導），身支度を速やかに整えることのできる A さん。友達が帰る準備を終えて帰りの会が始まるのを，いつも大好きな折り紙をしながら待っていました。しかし，帰りの会が始まっても折り紙を途中でやめることができず，帰りの会に参加できないことが多くありました。事前に，帰りの会が始まる時間までに折り紙を片付けることを約束していても，作り終えるまで続けようとしてしまいます。「帰りの会が始まるから，続きは明日しよう」と言葉かけをしたり文字に書いて示したりしても届かず，最後まで作り終えてからかばんにしまい，持ち帰っていました。

○ A さん自ら「続きは明日」と作業を中断できるように

　そこで「あしたボックス」を本人に見せて「続きは明日すること」を A さんの好きなキャラクターと約束してみると，作りかけの折り紙を「あしたボックス」に入れて帰りの会に参加できるようになりました。毎日繰り返し使うことで，帰りの会が始まる時間になると，教師の言葉かけがなくても A さん自ら「続きは明日」と言いながら，「あしたボックス」に折り紙を入れることができるようになりました。

　「途中で終わっても明日続きができる」とわかり，「うまくいかなくても，明日またがんばれる」という考え方につながって，作業学習で，自分で設定した目標に届かなかったときなど「明日またがんばりましょう」と前向きな発言が聞かれるようになりました。

★ 実態に合わせた応用アイデア

　子どもたちの中には，好きなことがやめられない，取り組み始めたら最後までやらなければ気が済まないという子どもがいます。この教材・教具の鍵は，「活動の続きに取り組む時間を保障すること，そして，それを子どもにわかる形で示すこと」です。言葉かけだけではなかなか作業を中断できない子どもも，ボックスを用意し，言葉とイラストや文字で翌日の活動を約束することで，「今は全部できなくても，続きはこの時間にできる」と気持ちを切り替えて次の活動に向かいやすくなります。

　A さんの「あしたボックス」には，A さんの好きなキャラクターが「つづきはあしたやろうね」と話しかけているイラストを付けました。子どもの実態に合わせて，明日の「いつ（朝の会の前，昼休みなど）」続きができるのかなどの情報を付け加えることで，より安心して使えるものになります。美術の時間に作り終えられなかった作品を昼休みまで保管する「昼休みボックス」など，使う時間や箱の大きさなどをアレンジして作ってみてください。

　そして，必ず約束した時間に続きができるようにすることが大切です。

49 アレンジキュー

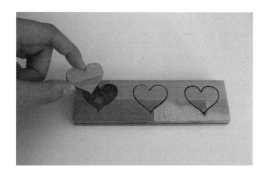

ねらい
● 休憩を終了し，スケジュールへ向かうことができる

対象
● 休憩から気持ちを切り替えることに支援が必要

活動場面
● 休憩時と次時への切り替えのタイミング

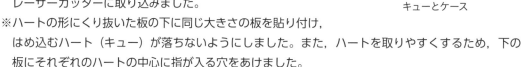
作り方

用意するもの：板材：2枚（幅10cm×長さ20cm×厚さ1cm程度）
※本実践では，木材を加工する道具としてレーザーカッターを使用しました。素材や道具などをかえてキューとケースを作ることも可能です。

❶ キューとキューをはめ込むケースの図案を作る。

※子どもの好みを考えてハートの形にしました。

❷ パソコンで図案を読み込み，板材をレーザーで加工して，キューとケースを作る（右図）。

※本実践では，SmartDIYs Creator ソフトを使用して，図案をレーザーカッターに取り込みました。

※ハートの形にくり抜いた板の下に同じ大きさの板を貼り付け，

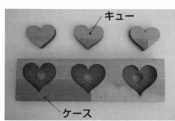

キューとケース

はめ込むハート（キュー）が落ちないようにしました。また，ハートを取りやすくするため，下の板にそれぞれのハートの中心に指が入る穴をあけました。

使い方

❶ スケジュールの近くにケースを置く。

※キューをケースに戻したあと，スケジュールに注目できるようにしました。

❷ 休憩時間の終わりに，キューを子どもへ手渡す。

❸ 子どもは自席に戻ってキューをケースにはめる。

❹ スケジュールで次の活動を確認し，行動へ移る。

※ラミネート加工したスケジュールの絵カードを，その日の活動順に並べて貼っておきます。子どもは，休憩のあと，次の絵カードを確認してはがし，行動へ移ります。

○ 気持ちの切り替えや移動に課題のあったＡさん

高等部のＡさんは，休憩時間終了を知らせるタイマーが鳴り終わると，自席に戻ってスケジュールで次の活動を確認し，行動へ移るという流れをとっていました。しかし，その日の心理状態によっては，なかなか休憩場所を離れず，自ら自席（スケジュール）へ向かうことに支援の必要がありました。そこで，期待される行動を視覚的に提示する（自席を撮影した写真を見せる）などして行動を促してみましたが，思うような効果は表れず，支援方法を再検討しました。

そんなとき，「○○したい」と本人がやりたくなるような形でアプローチするとよいのでは，という助言をもらいました。Ａさんがかわいいものが好き，手先が器用，きれいに物が並んでいないと気になることなどから，ハートの形の「アレンジキュー」を作成しました。

○ 自ら休憩時間を終了し，スケジュールへ向かえるようになってきた

Ａさんに「アレンジキュー」を使ってもらうにあたり，試しに１つだけケースからハートを抜き取った状態を見せてみました。すると，すべてのハートが埋められていないケースが気になる様子で，足りないハートを探そうとしたり，「ハートください」と教師に伝えることもありました。

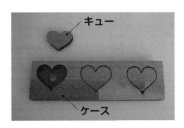

休憩時間の終わりに，休憩場所から自席（スケジュール）まで 0.5 m程度の移動を促す目的で「アレンジキュー」を活用しました。休憩場所でＡさんにハートを渡すと，Ａさんはハートをケースに戻しに行こうとスムーズに自席まで移動し，次の活動を確認して行動へ移ることができました。その日の体調や気分に左右されることがありますが，授業に遅刻する回数が減ったり，遅刻をしても，授業に参加するまでにかかる時間が短くなりました。さらに，Ａさんが自ら休憩を終了させ，スケジュールへ向かうことができたことに対し，称賛されることが増え，支援のよい循環が生まれつつあります。

★実態に合わせた応用アイデア

次の活動を促すツールとして活用する以外にも，短い距離で，ほかの目的の場所まで子どもの移動を促すツールとしても活用することができると考えます。

活用する際は，キューをどこに戻すとよいのか理解できるように，ケースの設置場所を子どもが目視で確認できる場所にするなどの工夫をすることで，期待する行動へつながります。

50 クイズ付き忘れ物チェックシート

 ● 忘れ物をなくす

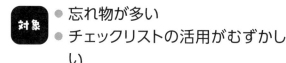

対象 ● 忘れ物が多い
● チェックリストの活用がむずかしい

活動場面 ● 日常生活の指導

作り方

❶ 学校から家庭に持ち帰る物をリストアップする。

❷ チェックリストを作成する。

　※ Word などで A4 サイズのコピー用紙 1 枚にチェックシートを 1 枚作りました。

　※毎日持ち帰る物のリストとチェック欄を設けます。日によって，持ち帰りがないものは取り消し線でリストから消し，追加で持ち帰る物は空欄に追記して使います。

❸ チェックリストの下に，教師からクイズを出題する枠を設ける（「クイズ付き忘れ物チェックシート」の完成）。

❹ チェックシートを 1 日 1 枚配付できるように，複数枚印刷しておく。

使い方

❶ 帰りの身支度の前に，教師は子どもに「クイズ付き忘れ物チェックシート」を配る。

❷ 家庭に持ち帰る物をかばんに入れたり，身につけたりしたら，チェック欄にチェックする。

❸ チェックが終わったらシートを教師に提出する。

❹ 教師は子どもと一緒に忘れ物がないか最終確認する。

❺ 教師は❸の提出してもらったチェックシートの「今日のクイズ」欄にクイズをかいて，翌日，子どもに渡す。

❻ 戻ってきたチェックシートのクイズに答える。

子どもの好きなアニメやゲームに関するものなど，毎日答えるのが楽しみになるクイズを出題します。

○ チェックリストに取り組んでもらうため，クイズを導入

　Aさんは，家庭から持ってきたスマートフォンや帽子，上着，学校から配付されたプリント類を持ち帰るのを忘れてしまうことが多くありました。教師が一緒に確認しながらかばんにしまうことを繰り返しましたが，ひとりで確実に持ち帰ることがなかなか定着しません。そこで，持ち帰る物のチェックリストを作り，毎日かばんに入れたらチェックし，下校前に教師に提出してもらうようにしました。

　初めのうちは，チェックリストが活用されて持ち帰り忘れがなくなりました。しかし，慣れてくると，かばんに入れる前にまとめてチェックしてしまったり，チェックすることも提出することも忘れて下校したりするようになり，忘れ物が再び多くなりました。

　そこで，毎日チェックリストで忘れ物がないか確認し，教師に提出して最終確認をすることを定着させるため，チェックして提出することが楽しみになるように，クイズを出題することにしました。

○ クイズを楽しみに，毎日持ち物をチェック

　提出されたチェックシートにクイズを出題するようになってから，毎朝「これ，なんですか？」と笑顔でシートを眺め，答えを伝えてくれるようになりました。次の日のクイズを楽しみに，帰りの身支度の際の持ち帰る物チェックも，忘れずに行うようになりました。

　ときどき，まとめてチェック欄にチェックをしてしまい，かばんに入れ忘れてしまうことはありましたが，提出されたシートを見ながら教師と一緒に最終確認をすることができ，学校に置きっぱなしで下校してしまうことはほとんどなくなりました。

★実態に合わせた応用アイデア

　今回の実践では，学校から持ち帰る物のチェックシートを作成し，活用しました。反対に，学校に持ってくる物のチェックシートにすることもできます。その際は，家庭と連携して，家庭でかばんを開ける習慣があるかなど，子どもの実態を確認し，家庭でも使いやすいように作成することが大切です。

　忘れ物チェックシートに限らず，健康チェックシート，日誌など，子どもに提出を促すものは実態に応じていろいろありますが，なかなか定着せず，教師側も確認を忘れてしまうことがあります。毎日のことだからこそ，子どもも教師も一緒に楽しみながら使えるツールになるとよいと思います。

51 一人で歯みがき できるっ書^{しょ}

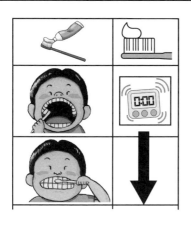

ねらい ● 歯みがきの手順が一目でわかる手順書を使って，自立して歯みがきに取り組めるようになる

対象 ● 視覚優位
● 同時処理が得意

活動場面 ● 日常生活，自立活動

作り方

用意するもの：少し厚みのある発泡シートなど：A4 サイズを縦半分にした大きさ（土台用），クリップ，ラミネートフィルム，ラミネーター，タイマー，マジックテープ，セロハンテープ，カッター

❶ 「できるっ書（手順書）」の土台の用紙に歯みがきの手順（以下の①～③）に合わせてラミネート加工したイラストを貼っていく。

① 歯ブラシに適量の歯みがき粉をつける。
② みがく部位を6部位程度に分けて順番にみがく。
③ うがいをする。

※土台の用紙のけい線は，Excel などで作成します。イラストは，インターネットなどで検索して印刷するか，自分で描きます。

❷ タイマーのイラストを用意し，ラミネート加工して裏面にテープでクリップを貼り付ける。

裏面にクリップを貼る

❸ 手順書の右側（タイマーのイラストをスライドさせる欄）にカッターなどで縦に切り込みを入れ，❷のタイマーのクリップを切り込みに差し込む。

※最初にみがく部位のイラストの横に差し込み，1つの手順が終わったら，次のイラストの横にスライドさせます。

❹ 「Que カード」を作り，手順の一番下にマジックテープで貼る。

※歯みがきの後のスケジュールが確認できるようにします。

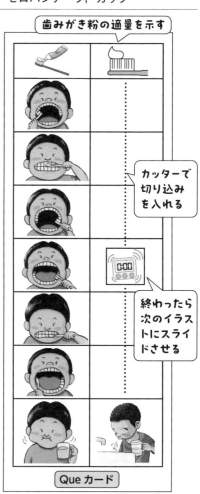

歯みがき粉の適量を示す

カッターで切り込みを入れる

終わったら次のイラストにスライドさせる

Que カード

使い方

❶ 歯みがきをする際に，一人ずつ手順書を鏡に立てかけ，その横にタイマーを置く。

❷ タイマーを 10～20 秒程度（一部位当たりをみがく時間）にセットする。

　※子どものみがく速さをみながら秒数を決めます。

❸ 手順書の手順を確認しながら，上の工程から順番に歯みがきをする。

　※各部位の歯みがきを始める前に，タイマーをスタートします。タイマーが鳴ったら歯みがきをストップして，タイマーのイラストを手順書の次の部位のイラストの横にスライドさせます。

❹ 歯みがきがすべて終わったら「Que カード」をはずし，次のスケジュールを確認する。

活動レポート

○ 教師の声かけがないと歯みがきが進まなかった A さん

　子どもたちが自立して歯みがきに取り組めることをめざし，みがく部位や秒数を視覚的に提示している手順書を使用しながら，歯みがき指導に取り組んでいます。

　もともと（年齢の低い頃から）使用していた歯みがきの手順書は，部位ごとに 1 枚ずつめくっていくタイプでした。この手順書では，A さんはタイマーが鳴ってもなかなか手順書をめくらず，教師の促しや声かけが必要でした。

　A さんの日常の様子や，学習への取り組み方を見ていて，情報を一つずつ時間的・系列的に処理をする「継次処理」よりも，一度に複数の情報を統合し，関係を軸とした処理をする「同時処理」のほうが得意なのでは？ と推測し，一目で歯みがきの全体像を把握できる手順書を模索しました。

○ 全体像を確認できる手順書で，一人で取り組めるように

　「一人で歯みがき できるっ書」は見事に A さんにはまり，自分でタイマーや手順書を操作し，自立して歯みがきに取り組めるようになりました。全体像がわかり，見通しがもてることで，次の手順へスムーズに移れるようになったようです。また，タイマーのイラストをスライド式にしたことで，次にみがく部位を確認する操作も楽になったようです。言葉の表出はない A さんでしたが，教師の促しや介入が少なくなって，自分一人でできた，といった達成感や自信が伺えるいい表情をしていたと思います。

★実態に合わせた応用アイデア -

　着替え場面や，朝・帰りの身支度場面などでも，この「一人で歯みがき できるっ書」の形を活用した手順書を作成して使用しました。一目で全体像を把握できるため，自立的に行動する場面が以前よりも格段に増えていきました。

52 手洗いマスターになろう

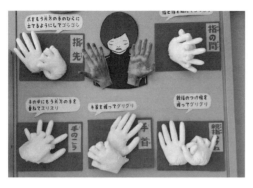

ねらい ● 手洗いのポイントを視覚的に確認できる

対象 ● 視覚支援が有効な子どもや集団

活動場面 ● 日常の手洗い場面

※『感染症から自分をみんなを守ろう（大崎加代子著，「健康教室」 2020年6月号）』を活用した実践。

作り方

用意するもの：使い捨てのゴム手袋（白色）5セット，綿，両面テープや接着剤（ゴム製品対応），段ボール，色画用紙，磁石，朱肉，輪ゴム10本
※長く掲示する場合は，ゴム手袋だと劣化し，破損する恐れがあるため，軍手で作成することもお勧めです。

❶ ゴム手袋（白色）5セットに綿を詰めて，手指の立体感を出す。

❷ 手指の模型を5つ作る。

　※手指の形を手洗いの5つのポイント（指先・指の間・手の甲・手首・親指つけ根）ごとに組み合わせ，両面テープや接着剤（ゴム製品対応）で固定します。

❸ 段ボールに色画用紙を貼った台紙に❷で作った手指の模型を両面テープや接着剤で固定する。台紙の裏面には磁石を貼り付ける。

❹ 段ボールに人のイラストを貼った台紙に手の写真を貼り，手の汚れやすい箇所に朱肉を押して汚れを表現する。段ボールの裏面には磁石を貼り付ける。

❺ 手指の模型（5つ）と❹の手の汚れやすい箇所を示した写真を組み合わせて掲示する。

使い方

❶ 朱肉で汚れを示した写真で，手の汚れやすい箇所を確認する。

❷ 手洗いの5つのポイントごとに組み合わせた手指の模型で，汚れが落ちやすい手の組み方（洗い方）を確認する。また，自分が洗い足りないところを発見する。

○ 「正しい手洗いの仕方」を身につけてもらいたい

　感染症予防の基本である「手洗い習慣」をつけるための取り組みとして，これまで手洗い動画や手洗いの手順書などを活用しながら実践してきました。しかし，手洗いの動画では時間がたつと記憶が曖昧になったり，実際に洗う場面での再生はむずかしく，手順書ではイメージが湧きにくく，掲示してあってもあまり目にとまりません。

　子どもの中には，石けんをつけて，ほとんどこすらず（手のひらのみ）流すという手洗いの様子も見られたため，「正しい手洗いの仕方」についてていねいに取り組む必要性を感じました。

　そこで，保健室で，「手の汚れやすい箇所」「手洗いのポイント」を視覚的に訴える教材・教具を作成し，子どもが日常的に目にする場所に掲示することで，手洗いについて十分にできているか意識づけできる機会にしたいと考えました。

○ 立体的な掲示物が子どもたちの目を引いた

　本教材・教具を保健室入り口横に掲示すると，立体的な掲示物に目を引かれ，休憩時間や廊下を移動する際に立ち止まり，興味をもつ子どもが見られました。

　「手の汚れやすい箇所」についても，普段は意識できないところが視覚的に確認できて驚く子どもも見られました。

　手洗いの習慣については，日常的な活動の中でも「全部できるよ」「手首までしていない」など，自分の手洗いの仕方について振り返る様子もうかがえました。

　また，掲示物の前で「パッピーバースデイの歌2回分」を歌いながら手洗いをする方法を試してみて，いつもの手洗いがかなり短いことに気づいた子どもも見られました。

　手洗いは，自分を守る感染予防の基本として取り組めることなので，正しい洗い方を意識づける機会を工夫していくことは大切だと考えます。

★実態に合わせた応用アイデア

　保健室の掲示物として紹介しましたが，手洗い場に掲示したり，手洗い指導の「正しい洗い方」の教材・教具として，個別に支援する際にパーツごとに活用するなど，応用できます。

　また学校だけでなく，子どもが集団で過ごす学童や児童デイサービスなどでも，感染予防の意識づけや，手の洗い方の確認として活用できる教材・教具だと考えます。

53 分別ボックス

作り方

用意するもの：ごみ箱（本実践では，幅35cm×奥行18m×高さ42cmのものを使用），ごみ袋（ごみ箱の大きさに合うもの），カラーガムテープ，プラダン（幅30cm×高さ90cm程度），画用紙（地域指定ごみ袋と同じ色），コピー用紙，のり，はさみ，油性ペン，両面テープ，ラミネートフィルム，ラミネーター　　　　　　　　　　　　　　　　　　　　　　　　　　※ごみ箱・プラダンは分別するごみの種類の数を用意します。

❶ ごみの種類を表すポスターを作る。

① 分別するごみの種類（もやせる，もやせない，ペットボトルなど）ごとに地域指定ごみ袋と同じ色の画用紙に、その色（種類）に当てはまるごみの名前やイラストや写真を貼り付けて作ります。

② ①でできあがったポスターをラミネート加工します。

❷ ごみ箱に地域指定ごみ袋と同じ色のガムテープを巻く。

※地域指定ごみ袋がない地域も，ごみ箱と画用紙は，ごみの種類ごとに色分けするとわかりやすいです。地域指定のごみ袋と同じ色のついたごみ箱を使えばこの作業は省略できます。

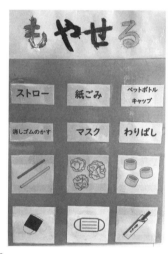

❸ ごみ箱の背面にプラダンをガムテープで固定し，❶のポスターを両面テープで貼り付ける（完成）。

※プラダンを使わずにポスターを直接ごみ箱に貼り付けてもよいです。

使い方

❶ 「分別ボックス」のポスターを参考に，実際にごみを分別して捨てる。

① 分別ボックスに表示のあるごみ（ペットボトル，ティッシュ，傘など）を実際に用意し，一人ずつごみを選んで分別ボックスに捨ててみるという活動をしました。

② 分別ボックスに表示がないごみで身近なもの（使用済みのペン，プラスチックの包装紙など）を，どう捨てたらよいか教師と考えて分別する活動をしました。

③ 消しゴムのかすはどうするかなど，実際の場面で教師が声をかけながら分別を意識させ，ごみを捨てるという活動をしました。

❷ 他の学級や学年の子どもにも，「分別ボックス」を使用してもらう。

◯ 町をきれいにする活動の一つとして導入

町をきれいにするために，自分たちに何ができるのかを考える学習で，その方法の一つとして，ごみの分別をわかりやすくすることが考えられます。それで，「分別ボックス」の制作と活用についての学習を行うこととしました。

◯ 他学級からの感想を聞いて達成感を味わった

「分別ボックス」を使用すると，色で分類されているので，子どもたちにとって分別がわかりやすいようでした。また，この活動で分別に興味をもった子どもが，家庭でもごみの分別を積極的にすることを保護者の方から教えてもらいました。

教室内で使用するだけでなく，他の学級や学年の子どもたちにも使ってもらうために「分別ボックス」を学級の外の廊下に置きました。また，「イイネ！」シールを作り，その台紙も同じところに掲示しました。使ってみた感想を直接話してもらったり，「イイネ！」シールを貼って評価してもらったりしました（言葉で伝えられなくても，シールを貼ることで，伝えたり伝えられたりできます）。それにより使いやすい，わかりやすいという声をもらうことができました。感想をもらって「良かったね」と答える子どもや，笑顔になる子どもがいました。また，分別の分類表示について聞かれたり，こういう表示があったらよいという意見ももらったりすることができました。

シールを貼る台紙　　「イイネ！」シールを
　　　　　　　　　　1つの枠に1枚貼る

★実態に合わせた応用アイデア

廊下に「分別ボックス」を置いた際，実際にペットボトルを捨てに来た他の学級の子どもが分別に迷っていたら，どのように捨てるのかを説明してあげるという場面がありました。わからない子どもにわかる子どもが教えることで，コミュニケーションの学びにもなるなと思いました。

また，作成した「分別ボックス」を他の学級の子どもに実演しながら発表をする機会を設けました。そして，他の学級の子どもにも「分別ボックス」を使って分別の体験をしてもらうという活動をしました。そのときに感想の言葉をかけてもらったり，自分自身の活動を振り返り自己評価をするという活動をしました。

54 ふりふりポテト

ねらい
- 安全に，自立的に調理できる
- 「できた実感」が湧く

対象
- 火や包丁の取り扱いに支援が必要

活動場面
- 調理活動

作り方

用意するもの：フライドポテト，紙コップ，皿，箸，味付け用の粉（本実践ではマジックソルト），ラップ，輪ゴム　※味付け用の粉の容器によってはスプーンなどを用意します。

❶ 紙コップに温めたフライドポテトを入れる。

※冷凍のフライドポテトをお皿に入れ，電子レンジで温めました。

❷ 味付け用の粉（マジックソルト）を適量入れる。

❸ 紙コップにラップを被せ，輪ゴムでとめる。

ちょっと一工夫
本実践では，味付け用の粉は「まほうのこな」と書いたラベルを貼った入れ物に入れました。「魔法の粉を入れると，さらにおいしくなるよ」と伝えると，興味をもつ子どももいて，調理がより楽しくなります。また，味付けは普通の塩でもできますが，マジックソルトのほうがポテトを振る前と振ったあとの違いが一目瞭然で，子どもにとってわかりやすいかもしれません。

使い方

❶ フライドポテトを入れた紙コップを数回振る。

※あらかじめ「ふりふりポテト」の作り方の手順をパワーポイントを使って説明しました。

❷ 出来上がったらお皿に盛りつける（完成）。

⑤まほうのこなを　いれる

すぷーん　1ぱい

○ 安全を確保しつつ，自立的な調理を促したい

　調理の授業では，安全面へ十分配慮する必要のある調理用具（コンロや包丁など）を扱うことがあります。そのため，グループの実態に応じて，活動内容を工夫して授業を展開することに努めています。

　火や包丁を取り扱わないようにすれば，安全に調理はできますが，取り扱うメニューが限られてしまいます。食材を自分の手で調理する工程も少なく，調理したという実感があまり湧きにくくなるのではないかと考えました。また，学校では，支援者の人数も多く，火や包丁を扱いながら調理することが可能でも，卒業後，学校と同じような支援のもとで日常食の調理ができるかと考えると，なかなか現実的ではありません。

　そこで，日常食のメニューのなかで，安全を確保しつつ，少ない支援で，子どものもてる力を生かしながら調理でき，「できた」という実感が湧く方法はないか，家庭でも取り組むことができるような活動はないか考え，「ふりふりポテト」に取り組みました。

○ どの子どもも自立的に取り組めた

　「ふりふりポテト」は振る動作で調理ができるため，どの子どもも，自分の力で調理することができました。

　同一グループで2回目の活動を行ったとき，「ふりふりポテト」の調理方法を子どもへ質問すると，振る動作を披露してくれる子どもも複数おり，どのように調理をするのか理解していることがうかがえました。

　調理の学習の集大成として，「ミニお弁当を作ろう」という単元を設定ました。100円ショップで購入できるおにぎりボールで作ったおにぎり，冷凍食品，そして，「ふりふりポテト」を小さいお弁当箱に詰め，学校敷地内でピクニックに出かけました。

★実態に合わせた応用アイデア -------------------------

　家庭の食卓で，料理に添える一品として「ふりふりポテト」を子どもが調理することもできると考えます。調理のお手伝いとして，子どもが役割を受け持つことができます。また，ハンバーグのお惣菜を買ってきて，付け合わせとして「ふりふりポテト」を添えると立派な一皿になります。ハンバーグとポテトののったお皿を見て，達成感がもてるのではないでしょうか。

　本実践は調理の授業でしたが，フライドポテトにスポットを当てた授業も考えられます。例えば，教室をファストフード店に見立て，S・M・Lサイズのポテトの計量を行うなど，数学（算数）の要素と結び付けることもできます。

----

55 おおきなかぶ

ねらい ● かぶの種まきから収穫までを体験し，植物への興味・関心を高める

対象 ● 言葉がわからない子どもやひらがなの読み書きができる子どもなど，実態差のある集団

活動場面 ● 生活単元学習，国語，自立活動

※絵本『おおきなかぶ（A・トルストイ再話・内田莉莎子訳・佐藤忠良画, 福音館書店）』を活用した実践。

作り方

用意するもの：段ボール（みかん箱程度の大きさ），フェルト（茶色，土用，段ボールがすべて覆える大きさ），ポリ袋（白色，かぶ用，65cm×90cm 程度），ポリ袋（緑色，葉っぱ用），緩衝材，ボンド，ひも（5m 程度），段ボールカッター，画用紙，コピー用紙

❶ 段ボールに茶色のフェルトを貼り付ける。

　※茶色のフェルトで土を表現します。また，段ボールの底の部分は開けておきます。

❷ 白色のポリ袋に緩衝材を詰めて袋を縛り，かぶの形に整える。

❸ ❷で作ったかぶの縛り口に葉っぱにみえるように緑色のポリ袋を縛る。

❹ ❸で作成したかぶが入るように段ボールの上の部分を段ボールカッター等で円形に切る。

　※2～3回強く引っ張って抜ける程度の大きさにするとよいです。

❺ かぶの縛り口に，かぶを引っ張るためのひもを縛り付け，かぶを段ボールの中に入れる。

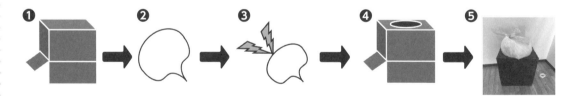

使い方

❶ 絵本『おおきなかぶ（A・トルストイ再話・内田莉莎子訳・佐藤忠良画, 福音館書店)』を読み聞かせする。

❷ 作成した「おおきなかぶ」を設置して，登場人物の配役を決める。

❸ お面をかぶり，登場人物になりきってポリ袋のかぶを引っ張って抜く。

　※お面は，絵本を拡大コピーして人物を切り抜き，画用紙に貼って冠のようにしました。

　※小学部1・2年生でもかなり強い力で引っ張れるので，教師が段ボールを手で押さえました。

❹ 実際に畑にかぶの種をまいて育て，収穫する。

※かぶが成長したら，ポリ袋のかぶを収穫したときの要領で実際に収穫します。

活動レポート

○ 実態差のある集団で，全員にかぶの収穫をやってみたいと思わせたい

　小学部１・２年生のかぶを育てる単元で実践しました。発語がなく手を引いて自分のやりたいことを伝える子どもやひらがなの読み書きができる子どもなど，実態差がある集団で「どうしたら子どもたち全員がかぶを収穫してみたいと思えるかな」と考えました。

　「絵本だったら実態差があってもみんな興味・関心をもってくれるかな」「絵本の内容を疑似体験すれば収穫がわかるかな」と考え，絵本『おおきなかぶ』を活用することにしました。そして，物語に出てくる登場人物になりきって，かぶの収穫を疑似体験するために本教材・教具を作成しました。

○ 子ども一人一人が興味・関心をもって積極的にかぶを収穫できた

　登場人物になりきってかぶを抜く学習をすると，かぶのイラストを見て「かぶだ」と言う子どもや，休憩時間に『おおきなかぶ』の絵本を読む子どももいて，かぶへの興味・関心が高まっていきました。

　疑似体験のおかげで実際の畑では，大きく成長したかぶを見て「おおきなかぶだ！」と言う子どもがいました。

　かぶを抜くときには，おじいさんになりきり「うんとこしょ，どっこいしょ」という子どもなど，全員が収穫することに期待感をもって取り組めました。

　「一人で抜けないときは教えてね」と伝えると「手伝って」と伝える子どももいました。前に出ることが恥ずかしい子どもが，絵本のようにみんなで協力して「うんとこしょ，どっこいしょ！」と言いながらかぶを抜くことができました。

　自分が抜いたかぶを「じーっ」と見つめていたり，かぶを収穫できたことがうれしくてニコニコ笑顔を見せたりするなど感じたことを思い思いに表現していました。

★実態に合わせた応用アイデア

　絵本を読み聞かせた後に，「だれが出てきたかな？」「おじいさんはだれを呼んできましたか？」などと子どもに質問し，登場人物や場面の様子，順番について取り上げて，国語的な学習につなげることもできます。また，質問の内容を「どうやって次の人を呼ぶの？」などとして，人とのかかわり方の学習につなげることもできるかもしれません。

56 わたろう！横断歩道

ねらい ● 体験的に横断歩道の渡り方を学ぶことができる

対象 ● 安全に気をつけて横断歩道を渡る経験が少ない

活動場面 ● 生活科，生活単元学習

作り方

用意するもの：大きなごみ袋（黒または灰色，65cm × 90cm 程度），画用紙（白色），梱包用透明テープ，両面テープ，滑り止めシート，おもちゃの信号機

❶ ごみ袋の両端を切って広げる。

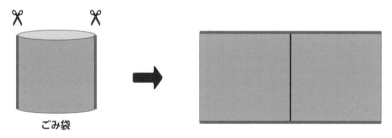

❷ 横断歩道の白線に見えるような幅に画用紙を切り，梱包用透明テープでごみ袋に貼る。

※横断歩道の白線は，両面テープだと紙の端が引っかかる可能性があるので，危険かなと思い，梱包用透明テープで貼りました。

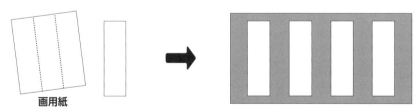

❸ ❷のごみ袋を裏返して，画用紙を貼っていない面に滑り止めシートを両面テープで貼る（完成）。

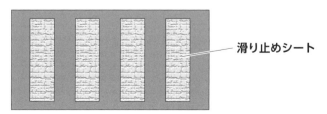

滑り止めシート

使い方

❶ 横断歩道の渡り方や信号機の見方について確認する。

　※作成した「横断歩道」で実践する前に，交通安全の動画などを視聴したりして確認します。

❷ 教室や廊下に作成した「横断歩道」を広げて，横断歩道の渡り方や信号機の見方について，教師が手本を示す。

❸ 横断歩道の渡り方や信号機の見方を練習する。

活動レポート

○ 外出に備えて体験的な学習を実施

　小学部1・2年生の生活単元学習で使用しました。公園や児童館などに出かけることに備えて，横断歩道の渡り方や信号機の見方について学習をしていました。それで，校内で横断歩道の渡り方を体験しながら学習する機会を設定したいと考え，本教材・教具を作成しました。

○ 横断歩道を渡るときに気をつけるべきことが身についた

　動画視聴などで横断歩道の渡り方や信号機の見方を確認した後に，交通ルールを確認しながら校内を歩きました。校内を歩いている途中に横断歩道があるという設定です。

　最初は，おもちゃの信号機を「赤」にしておき，横断歩道をみつけて渡ろうとすると車役の教師が勢いよく横断歩道を横切ることで「うわっ」と驚く子どももおり，横断歩道を渡るときには信号機を見ないといけないことに気づくきっかけになりました。

　横断歩道の状況を再現していたことや教師の言葉かけもあったせいか，本物の横断歩道でもしっかりと左右を確認して渡る子どもが多かったです。

★実態に合わせた応用アイデア -----------------------

　本実践では，おもちゃの信号機と組み合わせて，作成した「横断歩道」を活用しました。しかし，歩行者用信号機がない横断歩道もあるため，「横断歩道」だけを使って，信号機がない場所を渡る練習にも生かせます。また，大きめの教室や体育館などに模擬的な道路や歩道などを設置することで，よりダイナミックに実践的な交通指導を行うことができると思います。

　現在は，ICT環境の整備が進んでいます。おもちゃの信号機がない場合は，プレゼンテーションソフト（PowerPoint や Keynote など）を活用することで歩行者用信号機を再現できます。それをテレビなどで映して子どもたちに見せることも考えられますが，歩行者用信号機に見えるようにタブレットスタンドでタブレットを固定し，タブレットの画面が出るように段ボールを貼ることで，より実際の環境に近づけることもできると思います。

----

57 お金の管理ワークシート

「お金の管理について」ワークシート

名前：

1 事前学習
① 皆さんは卒業後、仕事をして給料をもらいます。給料をもらったらあなたはどうしますか。

② お金の管理の仕方（預ける、貯めるなど）として、どんな方法がありますか。思いつくものを書いてみましょう。

2 練習問題
太郎さんは、この1週間で買い物したものをメモしました。

 ねらい ● お金の管理ができる

 対象 ● 高等部を卒業して社会生活をする

 活動場面 ● 生活単元学習，地域活動，学級活動

※参考文献：大南英明編集代表（2007）くらしに役立つ 数学，東洋館出版社

作り方

● 右のようなワークシートを作成する。

※ A4サイズで，Wordで作成しました。

※ワークシートの各項目は，PowerPointのスライドなどで，タブレット端末などに映せるようにしました（右ページ参照）。

※ワークシートのほかに実際にレシートを見ながら記入できる「おこづかいシート（おこづかい帳）」を用意します。

「お金の管理について」ワークシート

名前：

1 事前学習
① 皆さんは卒業後、仕事をして給料をもらいます。給料をもらったらあなたはどうしますか。

② お金の管理の仕方（預ける、貯めるなど）として、どんな方法がありますか。思いつくものを書いてみましょう。

2 練習問題
太郎さんは、この1週間で買い物したものをメモしました。

7月2日	コーラ（2本）	200円
7月5日	ポテトチップス	198円
7月6日	ゲーム攻略本	500円
7月7日	くつした	980円

①この1週間で、買い物した合計金額はいくらですか？
答え： 円
②7月5日と6日で買い物した合計金額はいくらですか？
答え： 円

3 おこづかい帳を記入してみよう。

使い方

❶ ワークシートを教師と一緒に確認しながら記入していく。

① お金の管理について事前学習する。

② 練習問題に教師と一緒に取り組む。

③ 練習問題の金額を「おこづかいシート」に記入し，計算する。

❷ 自分で実際に買い物をしたレシートなどを使い，おこづかい帳に記入し，計算する。

○ 高校卒業後の社会生活に向けて準備したい

　高等部卒業後の社会生活に向けて必要なことを，子どもが自ら学習し，身につけていくための学習テキストがないか調べたところ，実例に基づいて学習できる『くらしに役立つ数学』に出合いました。それを参考に，子どもの実態に合わせて，将来のお金の管理について学習するために，おこづかい帳の教材・教具を考えました。学習のポイントとして，お金の管理の流れを確認できるように下記の3点を設定しました。

　① レシートなどから必要な情報を読み取れる。

　② 金額をおこづかい帳の適切な欄に記入する。

　③ 金額の計算をする。

○ 実生活でのお金の管理につながる学習ができた

　高等部の生活単元学習で「お金の管理ワークシート」を活用しました。

　事前学習として，お金の管理の仕方を質問しました。すると，子どもたちからは，「家計簿」というキーワードの他に，「スマートフォンで管理」「レシートを撮影する」などがあげられました。次に練習問題に取り組み，おこづかい帳への記入を練習して，事後学習で実際のレシートなどを使っておこづかい帳に記入し，振り返りを行いました。

　本教材・教具の練習問題を通して，必要な情報を読み取り，決められたところに数字を記入し，計算をすることができました。この力は，実生活でレシートの情報を読み取る力，家計簿をつける力につながります。

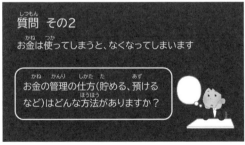

質問　その2
お金は使ってしまうと，なくなってしまいます

お金の管理の仕方（貯める，預けるなど）はどんな方法がありますか？

事前学習（お金の管理の仕方についての質問）

今回の内容をおこづかい帳に記入すると
おこづかいは3000円とする

日にち	買ったもの	収入	支出	残金
	おこづかい	3000		3000
7月2日	コーラ(2本)		200	2800
7月5日	ポテトチップス		198	2602
7月6日	ゲーム攻略本		500	2102
7月7日	くつした		980	1122

おこづかいシートの記入例

※タブレットで映せるように PowerPoint で作成したスライド

★実態に合わせた応用アイデア -------------------------

　現在，家計簿は，パソコンやスマートフォンなどで管理することが多くあります。学習活動の中で，表計算ソフトでのお金の管理の仕方などを子どもと一緒に確認しながら学習する場面を設定していけるように，改善，工夫をしていきたいです。子どもが自分でできることは自分で行い，必要に応じて支援をもらって生活ができるようになってほしいと思います。

58 買い物すごろく

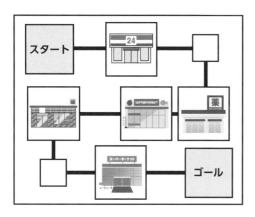

ねらい ● 商品の金額に合ったお金を払って買い物ができる

対象 ● お金の種類・使い方の理解に差がある学級

活動場面 ● 認知／概念（各教科等を合わせた指導）

作り方

用意するもの：色画用紙，模造紙，マスキングテープ，プレス＆シール，サイコロ，コマ（子どもの人数分），子どもに渡すお金，レジ用（お釣り用）のお金，お金を入れるトレイ（子どもの人数分＋レジ用）

❶ 色画用紙を切って，マス（スタート，ゴール，何もないマス，お店マス）を作る。

※「お店マス」は2つ折りにして，表に店舗の写真またはイラストを貼ります。

❷ 「お店マス」に止まったら買える「商品カード」を，複数枚作る。

※商品カードには，商品名，商品の写真またはイラスト，商品の値段を載せます。

※買った商品カードを貼るための紙（買い物シート）も用意しておきます。

❸ お店マスの中に，商品カードを2枚ずつマスキングテープで貼る。

❹ 模造紙に，スタート，ゴールを貼り，間に何もないマス，お店マスを貼る（完成）。

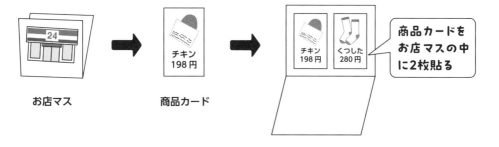

お店マス	商品カード	商品カードをお店マスの中に2枚貼る

ちょっと一工夫 マスの裏に「プレス＆シール」を貼ると，何度でもマスを貼りかえたり移動したりできます。毎回，違うお店マスが登場することで，子どもたちの関心や意欲を高めることができます。

表のツルツル面に両面テープを付けて，マスの裏に貼り付けます。裏のシール面が紙にくっつきます。

使い方

❶ 順番を決める。

❷ サイコロを振って，出た目の数だけコマを進める。

❸ お店マスに止まったら，商品カードを選んでレジ担当の教師に渡し，お金を支払う。

❹ 全員がゴールするまで続ける。

活動レポート

○ 実践場面に備えて，実態差のある子ども全員で学習

　中学部の認知／概念（各教科等を合わせた指導）で，2・3年生を含む4名に実践しました。修学旅行を目前に控えており，旅行中はお小遣いの中から自分や家族にお土産を購入します。それで，事前に校内で金額に見合った支払いの仕方を楽しく学習できないか考えて「買い物すごろく」を導入しました。

　100円玉で100円ちょうど，200円ちょうどの支払いはひとりでできる子どもや，硬貨を見て，それぞれ何円玉かを答えることができるけれど，400円という文字を見たり聞いたりして百円玉を4枚出すことはむずかしい子どもなど，実態差が大きい小集団だったので，子どもの目標ごとに以下の例のようなルールを設定しました。

例）・100円玉のみを渡し，教師の「100円玉を○枚出してね」という言葉かけを受けて支払う。

　　・100円玉と10円玉を渡し，金種を組み合わせてお釣りがなるべく少なくなる支払い方をする。

　それぞれの子どもの目標ごとにルールを決めることで，全員が同じすごろくゲームに取り組みながら学習を進めることができました。

○ 子どもの興味を引きながら楽しく習得

　お店マスで選べる商品を子どもの好きなお菓子やジュースにしたり，その店舗で実際に購入できる文房具や日用品にしたりすると，お店マスに止まった子どもは「何があるかな？」「こんな物も売っているの?!」と話すなど，毎回楽しみながら，買い物の仕方を少しずつ習得することができました。

★実態に合わせた応用アイデア

　授業では，すごろくゲームが終わった後に，お店マスで買った商品カードを買い物シートに貼り，買った物や支払いの仕方の振り返りをしました。また，そこから発展させて，商品カードと所持金を確認しながら，お小遣い帳の記入をする学習につなげることもできます。

5 章

しごと

本章では，将来の就業に向けた作業学習の教材・教具を掲載しています。作業技能の基本となる手指の巧緻性を高めるためのものから，紙工・木工・縫工等の作業において「わかる」「できる」を促す教材・教具のサンプルも含まれています。また，特別支援学校の作業学習で最も重視されている「働くことへの意欲」を高める工夫や，安全に作業を進めるための工夫等を示した教材・教具も掲載しています。

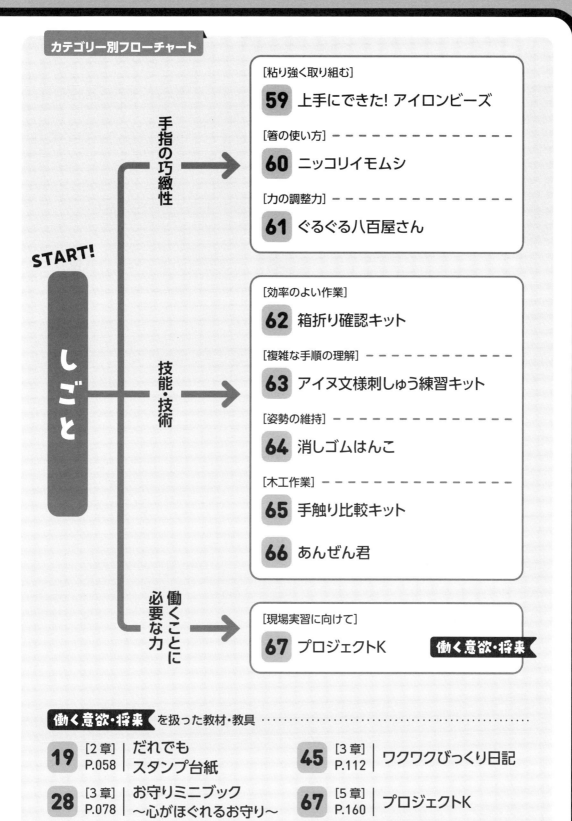

カテゴリー別フローチャート

START!

しごと

手指の巧緻性

[粘り強く取り組む]
59 上手にできた! アイロンビーズ

[箸の使い方] - - - - - - - - - - - - - - -
60 ニッコリイモムシ

[力の調整力] - - - - - - - - - - - - - - -
61 ぐるぐる八百屋さん

技能・技術

[効率のよい作業]
62 箱折り確認キット

[複雑な手順の理解] - - - - - - - - - - -
63 アイヌ文様刺しゅう練習キット

[姿勢の維持] - - - - - - - - - - - - - - -
64 消しゴムはんこ

[木工作業] - - - - - - - - - - - - - - - -
65 手触り比較キット

66 あんぜん君

働くことに必要な力

[現場実習に向けて]
67 プロジェクトK

働く意欲・将来

59 上手にできた！アイロンビーズ

- 作業の持続性や手指の巧緻性を高める
- 好きな図案を選ぶことで作業意欲を高める

- 集中することが続かない

- 作業学習の導入や自立活動

※本実践では、「人生は暇つぶし https://jinhima.com/」サイトの図案を活用しました。車や動物、季節のイベントなどのさまざまな図案が紹介されています。

事前準備

用意するもの：アイロンビーズ※，アイロンビーズプレート（透明），アイロンビーズ専用ピンセット，軍手または手袋，アイロンペーパー，アイロン，マスキングテープ，はさみ，図案
※アイロンビーズ：円柱状でポリエチレン製のビーズ。専用プレートの上に並べて，アイロンなどの熱で溶かして，ビーズ同士を接着し，模様を作ることができる玩具。

❶ アイロンビーズの図案を探す。

※子どもの興味がある題材，難易度なども考慮して，20 種類程度用意します。

❷ 図案を作成したいサイズに指定してカラー印刷する。

❸ 印刷した図案の用紙をアイロンビーズプレートよりやや大きめに切り取る。

※大きめに切り取っておけば，プレートをテープでとめやすくなります。

❹ 図案といろいろな色のアイロンビーズを用意する。

※アイロンビーズは中が格子状になっている箱や，200mL の牛乳パックなどに，色ごとに分けて入れておくと，子どもが色を選んで持って行くこともできます。

图アイロンビーズ図案【ハロウィンのカボチャ】

「人生は暇つぶし」サイトの図案例

使い方

❶ 好きな図案を選ぶ。

❷ 図案の上にアイロンビーズプレートをのせ，図案とプレートがはがれないように四隅をマスキングテープで固定する。

❸ 図案の色と合わせながらビーズをプレートに置いていく。

❹ ビーズを並べ終わったら，プレートの上にアイロンペーパーをのせて，よく熱した中温のアイロンを静かにかけてビーズ同士を接着する（やけどに注意！）。

※教師が必ず横につき，アイロンを一緒に使います。軍手をつけてもらう，支えるほうの手を教師が押さえるなど，やけど防止に努めます。

❺ 粗熱が取れたらアイロンペーパーをゆっくりはがす。プレートからもゆっくりはがす。完全に冷めたら完成。

四隅をマスキングテープでとめる

※裏もアイロンペーパーをのせてアイロンをかけると，よりビーズ同士が接着します。
※温かいうちに本などをのせておくと反り返ったりせず平たい作品に仕上がります。

活動レポート

○ 意欲の感じられなかったアイロンビーズ作り

　小学部5・6年生の進路・作業（各教科等を合わせた指導）の時間で，中学部や高等部の作業学習につながる学習として，以前からアイロンビーズに取り組んでいました。しかし，ただビーズを並べるだけの単調な作業に飽きたり，やる気が出ない様子でした。そこで，興味・関心をもてるように図案を用意して学習に取り組むことにしました。

○ 図案や目的を用意することで意欲がアップ

　自分で選んだ図案を使うことで，積極的になる子どもが多く見られました。色のマッチングもあるので，以前より時間がかかりますが，最後まで集中して取り組めました。

　図案がないときは，1つ作ると時間があっても作業を終えてしまうAさんが，「次はこれ！」と言って再び作業に取り組む様子も見られました。

　ハロウィンパーティーに向けて飾りを作る学習で取り入れると，いつも以上に意欲的に活動する子どもが多く見られました。左ページ冒頭の写真は子どもたちの作品です。

★実態に合わせた応用アイデア

　作品を，家族や先生や友達，交流学習でかかわっている学校の方などにプレゼントする，また，プレゼントする人に合わせて何を作るか決める活動などが考えられます。自分が作りたいものではなく，相手の欲しいものを作るという他者の意図を理解する自立活動のねらいをもたせることにもつながります。他者からの依頼で作成するものが決まる体験は，将来の就労先での作業依頼と結びつくものになるかもしれません。

60 ニッコリイモムシ

 ねらい
- 箸がうまく使えるようになる
- 目と手の協応ができる
- 色のマッチングができる

対象
- 箸の持ち方に課題がある
- 手元を見ながらの操作が苦手

活動場面
- 自立活動

作り方

用意するもの：空き箱（ペットボトルのキャップを並べる箱）：1個，フェルト数枚，ペットボトルのキャップ（複数の色），フェルト玉（ペットボトルのキャップと同じ複数の色），両面テープ付きマジックテープ，マジック，箸

❶ 空き箱の底の面にマジックテープのループ面を貼る。

※本実践では，縦15cm×横25cm×深さ2cm程度の箱を用意し，その底にマジックテープを貼りました。

❷ ペットボトルのキャップの裏面にマジックテープのフック面を貼る。

❸ ❷のキャップを空き箱の底にイモムシに見えるように並べて，マジックテープで固定する。

※キャップは，空き箱の底のどこに配置しても構いません。

❹ 直径4cm程度に丸く切ったフェルト2枚に，マジックで笑顔を書いて，マジックテープの上のイモムシの顔にあたる部分に置く（「ニッコリイモムシ」完成）。

使い方

❶ フェルト玉を箸でつかみ，同じ色のキャップの中に入れる。

※フェルト玉は，「ニッコリイモムシ」の箱の横に，別の箱に入れておくなどします。

❷ フェルト玉を全部キャップの中に入れたら完成。

活動レポート

○ 箸の持ち方に課題のあった A さん

担任した学級に，箸の持ち方に課題がある A さんがいました。A さんは，箸でつまんだ食べ物が口元までうまく運べず，食事に時間がかかっていました。また，作業中や学習中に手元を見ずに活動を進めてしまうことも多くありました。

こうした課題にアプローチでき，かわいいものが大好きな A さんが興味をもって取り組める自立活動の課題はないかと考え，この教材・教具を作成しました。

○ 給食をこぼさず食べられるようになった

自立活動の時間に，「ニッコリイモムシ」を用いて取り組みました。最初はフェルト玉を手でつかんでキャップに入れることもありましたが，箸で上手につまめる友達を手本とすることで，徐々に箸ですべてのフェルト玉をつまむことができるようになりました。

本教材・教具を始めて約 1 年で，給食をこぼさず食べることができるようになりました。また，縫工班の刺し子布巾作りでも，手元を見て作業できるようになりました。A さんは，できることが増えて喜んでいました。

★実態に合わせた応用アイデア

活動に慣れてくると，手元を見なくなる可能性もあると考え，数回ごとにキャップの位置を変更していました。給食を想定した教材・教具のため，フェルト玉のサイズを小さくしたり，毛糸などのひも状のものに代えたりすることも有効ではないかと考えます。

また，箸を使用せず，直接手で持ってキャップに入れることで，感覚を刺激しながらの数の学習にも活用できる教材・教具です。

キャップの配置を変える

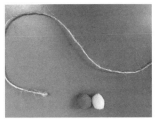

つまむ物をひも状のものに代える

手で持ってキャップに入れる

61 ぐるぐる八百屋さん

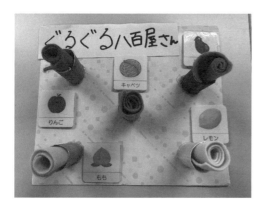

ねらい
- 手指の巧緻性が向上する
- 行動の調整力が身につく

対象
- 手先の不器用さがある

活動場面
- 自立活動

作り方

用意するもの：トイレットペーパーの芯：5つ，台紙：A3サイズ程度1枚，マジック，ボンド，両面テープ付きマジックテープ，ラミネートフィルム，ラミネーター，フェルト：5枚（5色），コピー用紙

～ぐるぐる八百屋さん本体～

❶ トイレットペーパーの芯を縦に切って細い筒にし，マジックでそれぞれ違う色に着色する。

※筒の太さと高さは、子どもの実態に応じて決めます。

❷ 着色した芯をたっぷりのボンドで台紙に貼る。

❸ ❷の芯の横の台紙にマジックテープのループ面を貼る。

ラミネート加工したイラスト
（マジックテープで台紙に貼る）

トイレットペーパーの芯　フェルト

～ぐるぐる八百屋さん部品～

❶ 筒と同じ色の3cm程度の野菜や果物のイラストを印刷し，ラミネートをかける。

※色ごとに違う種類のイラストを数枚用意します。また，野菜や果物の下にはその名前を書きます。

❷ ❶の裏面にマジックテープのフック面を貼る。

❸ 筒と同じ色のフェルトを用意し，幅10cm×長さ20～30cmに切る。

※長さは子どもの実態によって調整（手元を見る時間が短い場合は短くするなど）します。

使い方

- 教師の「桃ください」などの指示を聞いて，指示された果物などと同じ色のフェルトを丸めて同じ色の筒に入れる。

※丸めるときに，教師が「小さく，小さく」とささやきながら，もしくは自分で言いながら丸めると，言葉がもつ行動の調整力も育てることができ，より学習効果が上がります。

※フェルトが筒より大きくなったら，筒に入らなくなってしまうのでやり直しです。

活動レポート

○ 手先の不器用さを感じる子どもが多く在籍

　自立課題の時間に手指の巧緻性や行動の調整力を身につけることを目的として、羊毛玉を丸める作業に取り組みました。見ていると、「もう少し小さく丸める」ことが苦手な子どもや、指先を細かく動かすことが苦手な子どもが多くいることに気がつきました。日常生活でも手先の不器用さを感じる場面が多くあり、手指のトレーニングになるような活動の必要性を感じました。そこで、子どもたちの好きな「カラフルでかわいい」要素を盛り込んだ、本教材・教具を作成しました。

○ サイズの理解や手指の巧緻性の向上につながった

　週3回、10分程度取り組む時間を設けました。子どもたちの好きな要素を盛り込んだ教材・教具ということもあり、時間になるとすぐに準備をし、楽しそうに取り組む様子が見られました。

　最初は、手元を見ずに丸めたことで、筒より大きく丸めてしまい、筒に入らないことが多くありました。教師が「小さく、小さく」と声をかけると、自分でも「ちっちゃく、ちっちゃく」と口ずさみながら取り組み、大きくなってしまうと、「あー、大きいね」と気がつくようになりました。気がついた時点で自分からやり直すようにもなり、変化を感じることができました。

　さらに日常生活でも給食の野菜を見て「小さい人参」や「大きいじゃがいも」などと言うことがあり、「小さく」や「大きく」の概念がわかるようになったり、はさみの使い方が上達するなどの手指の巧緻性の向上につながりました。

ちっちゃく、ちっちゃく

入った!!

★実態に合わせた応用アイデア

　野菜や果物のカードを使わずに、筒とフェルトの色のマッチングとしても活用できます。フェルトを使わない場合は、該当野菜や果物は何色かの色の学習にも活用できます。

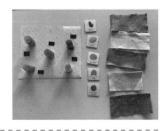

62 箱折り確認キット

ねらい
● 効率のよい箱折り作業を行うことができる
● 作業の完了が明確にわかる

対象
● 作業の終わりを理解することがむずかしい

活動場面
● 「箱折り」の作業学習

作り方

用意するもの：マグネットボード：1枚（A4サイズ），色画用紙：1枚（A5サイズ），マグネット：小さいもの4個（直径2cm程度），両面テープ

❶ 箱に見立てた色画用紙に，折る順番を示す矢印を描き込み，4つの辺には注目しやすい色をつける。

❷ マグネットボードに色画用紙を両面テープで貼る。

❸ マグネットをマグネットボードの上のスペースに置く。

マグネット

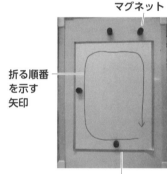

折る順番
を示す
矢印

各辺に注目しやすい色をつける

> **ちょっと一工夫** 本実践の「箱折り」は，衛生上，軍手を着用して作業をするため，マグネットをつまむ際に滑りやすくなります。それで，マグネットよりやや大きめのラミネートした好きなキャラクターのイラストを貼って，つまみやすいようにしました。

使い方

❶ 折る箱を1枚手元に置き，その横に「箱折り確認キット」を置く。

※本実践では，テーブルに10枚の折る箱をあらかじめ用意して，そこから1枚ずつ取って箱を折り，「10枚を1作業」としました。

❷ 箱の1辺を10回程度なぞり，折り目をつけて折る。

❸ 箱の1辺を折り終えたら，色画用紙の折った辺の上にマグネットを置く（残りの3辺も繰り返す）。

❹ 4辺とも折り終えたら（1枚の箱折りが完了したら），マグネットを上のスペースにすべて戻す。

❺ 次の箱折り作業を始める（❶から❹の作業を繰り返す）。

活動レポート

○「どこが終わりなのか」を自ら理解できるようにしたい

　高等部の受注作業では，軽作業の一つとして，和菓子屋さんのようかんの箱折りを行っています。

　Ａさんは，この箱折り作業に熱心な態度で取り組んでいます。しかしながら，４つの辺を折り終えているのに，すでに折った辺も，また折り続けてしまう……という状況にありました。終わりを理解するのがむずかしいＡさんが，「今どこを折っているのか」「どこが終わりなのか」を自ら理解して作業に取り組めるようになってほしいと考えました。そこで，視覚支援教材（「箱折り確認キット」）を作り，作業の際に活用することにしました。

○「終わり」を理解して，さらに意欲的に取り組めるように！

　箱折り作業で，１つの辺を折り終えたらマグネットを置いていくことで，今まで曖昧だった終わりが可視化されるようになりました。その結果，Ａさんは，教師からの促しがなくても，４つの辺すべてにマグネットが置かれたことを確認すると，１枚の箱折りが完了したことを理解し，自ら「終わり」のマカトンサインを出して，次の作業に進めるようになりました。「10枚を1作業」としており，マグネットをリセットし（マグネットボードの上のスペースにすべて戻し），2枚目に取りかかります。

　「箱折り確認キット」を活用することで，活用前に比べて，作業スピードは半分くらいに縮まり，自信をもって作業を行えるようになりました。「自分でできる」ことに喜びを見いだしているようで，さらに意欲的に取り組めるようになりました。

★実態に合わせた応用アイデア ------------------------------

　「箱折り確認キット」の使い方に慣れた頃合いを見計らって，下記のタイマーを使用する取り組みを新たに増やしました。

　「箱折り」は，基本的に１つの辺を10回程度なぞって，折り目をつけてから折ることにしています。Ａさんは１〜10を数えながら折ることがむずかしいので，Ａさんが10回程度なぞって折るのに費やす時間（約6秒）をあらかじめタイマーにセットします。Ａさん自らスタートボタンを押してから折り始め，アラームが鳴ったらやめることを取り入れました。

　手元の操作は増えましたが，「箱折り確認キット」の定着により，曖昧だった折る回数も10回程度で終えられるようになりました。効率のよい箱折り作業につなげることができました。

63 アイヌ文様刺しゅう練習キット

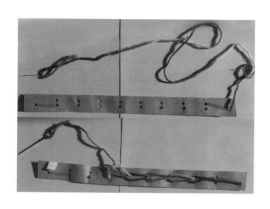

ねらい
● 複雑な手順を理解できる
● 刺しゅうの縫い方を身につけることができる

対象
● 手本を見ながら一緒に取り組むと理解できる

活動場面
● 作業学習

作り方

用意するもの：厚めの画用紙，毛糸，ひも通し（もしくは毛糸とじ針），穴あけパンチ，マジック，はさみ

❶ 画用紙を長方形に切る。

※四つ切（約54cm×38cm）の色画用紙の長いほうの辺を6等分に切り，その1枚を縦に2つに折って，のり付けして作りました。また，一斉指導で使用したときに子どもが見やすい大きさにすること，子どもがひとりでも安全に使えることを意識して作りました。

❷ 穴あけパンチを使って，画用紙に針を刺す穴，出す穴をあける。

❸ 「1出」「2入」など針の進め方や，縫い目をマジックで書き入れる（「アイヌ文様刺しゅう練習キット」完成）。

※文字，数字，マジックの色などは使用する子どもに合わせて変えました。

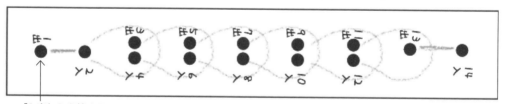

「1出」から始める

❹ 長めに切った毛糸（100cm程度）をひも通し（もしくは毛糸とじ針）に通し，端に大きな玉を作って，「1出」の穴に通しておく。

使い方

● 「アイヌ文様刺しゅう練習キット」に書かれている「2入」「3出」などの針の進め方の表示に従い，糸のかけ方や針の進め方を練習する。

※教師は「練習キット」に書き込めなかったことは，「3から針先を出す」「糸をかける」「針を抜く」「4に入れる」など短くわかりやすい言葉で補足しながら作業を進めます。

活動レポート

○ 慣れない手縫いに，できるだけひとりで取り組めるようにしたい

　高等部の進路・作業（各教科等を合わせた指導）縫工班では，生徒の興味・関心や得意なことを中心に題材や担当する作業工程を設定しています。今回は，手縫いよりもミシン縫いのほうが得意な子どもが多かったため，ミシンを使っての製作を中心に行っていました。しかし，修学旅行で学んだアイヌ文様刺しゅうを施した製品を作ることができないかと考え，コースター製作に取り組むことにしました。卒業後に直接生かせることはあまりないかなとは思いましたが，手指の巧緻性を高めること，複雑な手順を理解して取り組めることは，いろいろな場面で生かされると思いました。また，余暇にもつながる可能性があると思って取り組みました。

　普段の作業で手縫いをするのはしつけがけ（ミシン縫いで縫い目がずれないように仮止めすること）だけという子どもたちが，慣れない刺しゅうにも，できるだけ少ない支援で取り組めるように「アイヌ文様刺しゅう練習キット」を作成しました。

○ 子ども全員がコースターを完成できた

　「アイヌ文様刺しゅう練習キット」を使用することで，刺しゅうの縫い方を子どもにわかりやすく伝えることができました。

　画用紙には，布に直接書き込むことがむずかしい「1出」「2入」などの針の進め方の表示を自由に書き込むことができ，また，刺す穴，出す穴を色分けしたりするなど，使う子どもの実態に合わせたものにすると，ほとんどの子どもが表示を手がかりにして，縫い方を理解することができました。

　作業を始める前や休憩時間に自主的に練習キットで縫い方の確認をする姿も見られ，全員がアイヌ文様を施したコースターを完成させることができました。近隣の高校との交流の際にもアイヌ文様刺しゅうに取り組みました。交流校の子どもから「すごい！　上手！」と褒められてうれしそうでした。

子どもが刺しゅうした
アイヌ文様のコースター

★実態に合わせた応用アイデア

　縫工班では，くぐり刺し（縦・横に刺した針目に糸をくぐらせていく刺し子の技法）のコースターの製作の際にも，「練習キット」で事前に縫い方を確認してから取り組みました。画用紙に穴をあける位置を工夫すれば，さまざまな刺しゅうの縫い方の学習に使うことができ，縫工作業に限らず，家庭科の学習などにも活用できます。

64 消しゴムはんこ

ねらい
- 適度な緊張感を保って活動に集中できる
- 正しい姿勢を保って作業できる

対象
- 集中力が高い
- 姿勢の保持が苦手

活動場面
- 休み時間，美術

作り方

用意するもの：はんこ用消しゴム，カッターマット，カッターまたはデザインカッター，彫刻刀，トレーシングペーパー，鉛筆またはシャープペンシル，練り消し，インク
※カッターに不慣れな場合は，防刃手袋を着用したり，カッターマットの下に滑り止めシートや版画作業板を敷きます。
※刃物の使用がむずかしい子どもは，専用のヘラやつまようじで彫ることができるはんこ用消しゴムを使用します。

❶ 図案を決める

※❶〜❼の工程は，基本的に子どもに取り組んでもらいます。細かくてうまくできない場合や子どもから手伝ってほしいと言われた場合は，手伝っていました。

❷ 図案の上にトレーシングペーパーを重ね，鉛筆またはシャープペンシルでていねいになぞる。

❸ トレーシングペーパーを裏返して，消しゴムの上に重ねる。

❹ ずれないように注意してこすり，図案を消しゴムに転写する。

※図案が反転した状態で消しゴムに転写されます。図案を転写するときは，平らなものを使ってこするときれいに転写されるので，定規など平らなものがあるとよいです。

❺ 図案の周りを5mm〜1cm残してカッターで垂直に切る。

❻ インクをのせたい（線を出したい）ところを残して，デザインカッターや彫刻刀で彫る。

※残したい線の断面が，根元にかけて太くなるように彫ります。

※慣れてくると，手に持って彫ることもできるようになりますが，慣れないうちは，置いて彫るほうが安全に彫ることができます。

❼ 消しゴムについた線や彫りかすを練り消しで取り除く（完成）。

使い方

- インクをつけて，ポン！　と「消しゴムはんこ」をいろいろな物に押す。
  例）・子どもが自分の持ち物にポン！　自分の作品にポン！　と押します。

・友達とコラボして，作品を作ります。
・子どもががんばったご褒美としてポン！ と教師が押します。

活動レポート

○ 卒業後も継続して取り組める余暇活動として

　活動時間に余裕ができて手持ち無沙汰で廊下をぶらぶらしている子どもや，体幹が弱く座位の姿勢が崩れやすい傾向の子どもがいました。その子どもたちが卒業後も継続できて，集中して取り組める余暇の選択肢の一つとしてこの教材・教具を導入しました。

○ 意欲的に取り組めて，ソーシャルスキルの向上にもつながった

　登校後，次の活動まで時間があるときや昼休みに実践しました。自分の好きな図案を選択でき，トレーシングペーパーできれいに転写できるため，意欲的に取り組めました。
　難易度の高い図案や，慣れない作業で教師のアドバイスや補助が必要なとき，自ら支援を求めることが多くなり，はんこ作りのスキル面だけではなく，適切な言葉遣いや他者とのかかわり方などのソーシャルスキルの向上も見られるようになりました。
　子どもに好評だったのは，自画像のイラストを彫って，それを付箋紙に押し，傘の柄に巻き付けたものでした。個人情報保護の観点から，持ち物に名前を書くことを敬遠しがちでした。しかし，オリジナルのはんこは目につきやすく一目で判別でき，付箋紙が破損するたび新調して使っていました。また，ミニ色紙に作ったはんこを押して，その背景を点描が好きな子どもが描くというコラボ作品も誕生しました。どういったデザインにするのか，互いの制作過程を見て，感想を言い合いながら楽しい時間を過ごすことができていました。

★実態に合わせた応用アイデア

　夏休み前には，オリジナルのカレンダーを作成しました。まず，A4 サイズの用紙の下半分がカレンダーになるよう，それに合わせた大きさの数字や曜日，月を消しゴムはんこで彫って押してもらいます。上半分の空欄部分には，夏休み中に各々自由にイラストを描いたり写真を貼ったりしてカレンダーを仕上げてもらいました。

5章 しごと

65 手触り比較キット

ねらい
- ヤスリがけの完了を自分で判断できる
- 製品作りのペースを上げる

対象
- 作業経験が少ない
- 抽象的概念の理解が苦手

活動場面
- 作業学習（木工作業）

作り方

用意するもの：板材（本実践では道南杉）：1本（幅10cm×長さ150cm×厚さ2cm程度），紙ヤスリ：番手※の違うもの6枚（本実践では，100番，240番，400番，800番，1500番，2000番），マジック
※番手：紙ヤスリの目の粗さの単位。数が上がる（大きくなる）ほど目が細かくなる。

❶ 板材を同じ規格（1枚25cm程度の長さ）で紙ヤスリの数分カットする。

❷ カットした板材のそれぞれ下部に紙ヤスリの番手と線をかく（図1）。

図1　番手と線がかかれた板材

❸ ❷の板材を，それぞれ記入した番手の紙ヤスリで線の上までヤスリがけをする。

❹ ヤスリがけした板材を目の粗い順に浅い箱などに並べる（完成）。

使い方

❶ ヤスリがけの前に「手触り比較キット」で完了の目安となる手触りを確認する。

❷ 「手触り比較キット」の手触りと比較しながら製品のヤスリがけをして，別の紙ヤスリを使うタイミングや完了を判断する。

❸ 教師は子どもから完了の報告を受けた際に，「手触り比較キット」を用いて完了の判断が適切かどうかを判断する。

活動レポート

○ 完了の目安のわかりにくいヤスリがけで，製品作りがペースダウン

　高等部1年生～3年生の作業学習（木工作業）では，木の手触りや質感を大切にした

製品作りを行っています。子どもたちは自分たちが作る製品の手触りや質感に自信をもっており、ヤスリがけの重要性を理解しています。それで、作業工程の中でも特にヤスリがけ（研磨）に時間をかけています。

　ヤスリがけは一般的に番手の低いヤスリから順に番手を上げて木材の表面を滑らかに仕上げていきます。しかし、番手を上げるタイミングや完了のタイミングに決まった時間や目安などはありません。必要以上に時間をかけて製品作りのペースが落ちてしまうことも多く見られました。また、指導教師にとっても、完了の判断基準が不明確で指導の一貫性がとりにくいものでした。そこで、判断基準の目安となるものが必要と考え、「手触り比較キット」を作製しました。

○ 完成度の向上やペースアップにつながった

　「手触り比較キット」を使い始めてから、いっそう製品の手触りや質感にこだわり、ていねいに作業をする子どもが増加しました（図2）。また、適切なタイミングで作業の完了を判断できるようになり、製品作りのペースが上がりました。

図2　ヤスリがけするAさん

　Aさんは、ヤスリがけした製品の手触りに感動し、「1学期報告会」で、自作したサイドテーブルの手触りについて発表しました。発表を聞いた参加者からも、手触りや質感のよさについて称賛の声が上がりました（図3・4）。

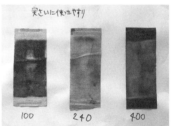

図3　Aさんが作ったサイドテーブル　　図4　Aさんの発表の様子とその資料

★実態に合わせた応用アイデア --------------------------------

　今後も子どもが自分たちで作業の完了を判断したり、自分たちが納得できる判断基準について考えたりできるような取り組みを継続できればと考えています。

　ヤスリがけと同様に、色塗りや面取りなども作業の完了を判断しにくい工程です。「手触り比較キット」のように実際のサンプル同士を比較することは、色や形などに関する作業にも応用できそうです。

66 あんぜん君

ねらい ● 木工作業用の工具や機械をジグを用いて安全に操作できる

対象 ● 木工機械を使用して製品を作る高等部の子ども

活動場面 ● 作業学習，現場実習

作り方

❶ それぞれの工具や木工機械の特徴や起こりうる危険性などを検討する。

※卓上丸のこ盤を使用する際に木材を押さえる手が刃に触れる危険性や，ルーターを使用する際に木材の進行方法を間違ってしまったりする危険性などを事前に可能な限り想定しました。

❷ 起こりうる危険性を排除する方法を検討する。

※例えば，卓上丸のこ盤の刃に手が触れることなく木材を固定できる方法や，ルーターの進行方向を視覚的にわかりやすく提示する方法の検討などを行いました。

❸ ❶・❷の検討事項をベースに「あんぜん君」（木工作業安全ジグ）を作製する。

例）卓上丸のこ盤を使用する場合

① 切りたい木材の形，厚さ，角度を確認する。

② ジグの材料（端材等）をいくつか用意して，切りたい材料を安全に固定できるように組み合わせ，しっかりと固定する（「あんぜん君」完成）。

③ 教師が試し切りをして安全性を確かめる。

※「切りたい木材の形」一つ一つに適したジグがあります。また，使用する子どもの実態も考慮します。よって１つの工具でも，必要に応じてたくさんの「あんぜん君」（ジグ）が存在します。

あんぜん君　**木材**

卓上丸のこ盤を使用する際の様子

使い方

❶ 教師が演じながら，「あんぜん君」（ジグ）の特徴や使い方，起こりうる危険性を説明する。

❷ 教師が補助を行いながら，子どもが実際に「あんぜん君」（ジグ）を使用する。

例）ジグを木材にセットして卓上丸のこ盤を使いスタンプ台を製作したとき

① 切りたい木材にジグをセットする。

② ジグが安全に固定されているか確認する。

③ 木材を押さえる手が卓上丸のこ盤の刃から離れた位置にあるか確認する。

④ 周りの安全（近くに人がいないか等）を確認する。

⑤ 「切ります！」と声をあげて周りに注意を促してから，木材を切る。

⑥ 木材を切った後は，刃がしっかり止まるまで注意をそらさないようにし，刃が完全に止まってから，木材をジグから取り出す。

❸ 使用後に改善点があれば，再度検討し，修正する。

❹ 状況に応じて，使用方法を先輩から後輩に伝える学習場面を設定する。

活動レポート

○ 子どもたちが安全に製品を作り，達成感や成就感を得られるようにしたい

　木工作業では，どの工具や木工機械の使用にも危険が伴い，使い方を間違えば大けがにつながる可能性もあり，注意が必要です。ただ，危険な工具だからといって，子どもたちにまったく使用させないのではなく，可能な限り工具や木工機械を安全に使用できるように工夫して，子どもたちの経験の幅を広げながら製品作りを行い，達成感や成就感につなげたいと考え，「あんぜん君」（木工作業安全ジグ）を作製しました。

○ 教師の支援が減り，自分たちで作ったという達成感や成就感につながった

　今まで使えなかった工具や木工機械を安全に取り扱えるようになり，木工作業への意欲が高まる様子が見られました。子どもたちの中には，品質のよい製品を作りたいという思いがあり，また，「あんぜん君」を使うことで教師の支援をできるだけ少なくすることが可能になり，「品質のよい製品を自分たちの手で作った」という達成感や成就感を得やすくなりました。

　また，作業内で先輩から後輩へ「あんぜん君」の使用方法を説明する場面を設けることで，コミュニケーション力の育成にもつながりました。

「あんぜん君」を使い，トリマーでテーブルをトリミングしている場面

★実態に合わせた応用アイデア

　外部講師を招いての学習も有効です。工具の使い方について改めて指導を受けたり，ジグの使用方法を専門家から直接学ぶことで意欲喚起につながりました。また，市販されているジグを効果的に活用することも有効です。活用する際は，子どもの障害の実態など細かい状況に応じるために，さらに工夫や対応が必要です。

　そして，ジグに頼り続けるのではなく，作業の習熟度に応じて，安全に配慮しながら，徐々にジグを使わないで作業できるように移行していくことの想定も重要です。

67 プロジェクトK

プロジェクトK

働くために必要な7つの力 ①落ち着いて活動する	働くために必要な7つの力 ②相手に応じた言葉遣いで話す
働くために必要な7つの力 ③時間を意識して取り組む	働くために必要な7つの力 ④自分から進んで取り組む	働くために必要な7つの力 ⑤あいさつ・報告連絡・相談する
働くために必要な7つの力 ⑥前向きな気持で取り組む。	働くために必要な7つの力 ⑦活動に必要な準備をする

ねらい ● 自分で選んだ目標に取り組んで, キャリア意識を高める

対象 ● 高等部の現場実習予定者

活動場面 ● 作業学習, 現場実習, 学校生活全般

作り方

❶ 働くために必要な7つの力(目標)を設定する。

　※本校では, この7つの力(目標)を「プロジェクトK」と呼んでいます。子どもの実態や社会から求められる力など考慮して毎年検討し, 必要に応じて変更しています。

❷ 振り返りシートを2種類(ワークversion, スクールライフversion)作成する。

　※ワークversionは作業学習ごとに「プロジェクトK」から選んだ目標の達成について評価を毎時間記入します。

　※スクールライフversionは, 「プロジェクトK」を学校生活全般に広げ, 選んだ目標の達成について毎日◎○△で記入します。

❸ 高等部全体で, 子ども一人一人の目標を共有することができる掲示スペースを用意する。

❹ 専用のファイルを準備する。

振り返りシート　ワークversion

振り返りシート
スクールライフversion

使い方

❶「プロジェクトK」から取り組みたい目標を選ぶ(2つの振り返りシート共通)。

　※「プロジェクトK」掲示スペースで, 選んだ目標の下に自分の顔写真を貼って, 教師と子ども全員で共有し, 励まし合います。

❷ ワークversionの振り返りシートを活用する。

　※作業学習で目標を意識しながら学習し, 教師と毎時間評価します。

❸ スクールライフversionの振り返りシートを活用する。

　① 1日の終わりに簡単な自己評価を行い蓄積する。

各自の目標を掲示

② 週の終わりに，担任と面談を通じて評価し，次の週の自分の目標を決定する。

※①～②を繰り返します。

❹ シートを用いて目標を意識して現場実習に取り組み，現場実習報告会で成果を発表する。

活動レポート

○「プロジェクトK」で効果的なカリキュラムマネジメント

「はたらく」というキーワードを核に，効果的にカリキュラムマネジメントを機能させるための方法として考えたのが「プロジェクトK」です。就職することをめざして実際に企業や福祉事業所に行く現場実習に向けて教科横断的な学習を行うため，高等部全体で共通の目標（「プロジェクトK」）とその振り返りシートを使用し，指導を行いました。

○ 目標を明確に意識しながら現場実習に取り組めた

本校では「プロジェクトK」を2年にわたって継続して行っています。評価方法や振り返りシートの様式，また，目標にすべき7つの力などについて，その都度，子どもの実態や社会環境などを考慮して改善を重ねています。

「プロジェクトK」を行う中で，事前事後に子どもたちにアンケートを行ったところ，教師

プロジェクトK（目標にすべき7つの力）
① 落ち着いて活動する。
② 相手に応じた言葉遣いで話す。
③ 時間を意識して取り組む。
④ 自分から進んで取り組む。
⑤ あいさつ・報告・連絡・相談する。
⑥ 前向な気持で取り組む。
⑦ 活動に必要な準備をする。

から言われたからがんばるのではなく，自らがんばりたいというように子どもたちの意識の変容が見られました。また，この学習の流れを受けて現場実習を行い，それぞれが自分の目標を明確に意識しながら現場実習に取り組む様子が見られました。

★実態に合わせた応用アイデア

支援度の高い子どもに対しても，実態に応じて3パターンの振り返りシートを準備し「プロジェクトK」の目標を3つ程度に精選すること，絵カードなどを使った即時評価を活用すること，視覚的にわかりやすい振り返りツールを用いること，必要に応じてICTを活用することで，十分な学習成果をあげることができました。

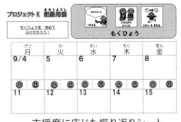

支援度に応じた振り返りシート
スクールライフ version

カリキュラムマネジメントは年度をまたいで継続的に行っていくものです。単元や行事ごとにカリキュラムを切らずに，うまくPDCAサイクルに乗せていく必要があります。そのためには組織的に目的を共有して計画を立てることが重要です。また，必要に応じて地域などと連携して学習すると，さらに効果が得られると思われます。

6章

ICT

・・・・・・・・・・・・・・・・・・・・・・

　本章では，子どもが主体的にタブレットを活用して学ぶための教材・教具と，おもに教師が操作したり活用したりする教材・教具をいくつか掲載しています。例えば，前者では，言語不明瞭な子どもが朝の会で司会をする際に，進行の流れを視覚的に示すことにより，意欲的な活動を引き出す工夫がなされています。後者においては，これまで絵カード等を用いて行っていた「物当てクイズ」をデジタル化することにより，子どもの集中力を高めています。

68 使える! デジタルテキスト

（写真提供：おいしい函館）

ねらい	● 教材への興味・関心や学習意欲を高める
対象	● 文を読むことや文を読んで場面を思い浮かべることが苦手 ● 写真や動画を見ることが好き
活動場面	● 国語科，社会科，総合的な学習の時間など

※「作り方」❷の Web ページの出典：おいしい函館（https://www.oishii-hakodate.jp/）

作り方

❶ 教材プリントに子どもが興味・関心をもてそうな写真やイラストを挿入する。

　※本実践では Word を使用して作成しました。

❷ 写真などをタップすると Web ページや動画を視聴できるようにリンクを設定する。

（写真提供：おいしい函館）

※写真をタップすると関連する Web ページや動画を視聴できるように設定します。

【リンクの設定の仕方】

Word のパイパーリンク挿入の画面

※写真などを右クリックして，「挿入」→「リンク」を選択，出てきた画面のアドレス部分に Web ページや動画の URL をコピーして貼り付けるとハイパーリンクが設定でき，リンク先の Web ページや動画が開きます。

リンク先の URL を「アドレス（E）」欄に入力するとリンクできるようになります。

❸ ファイルを PDF に変換して「デジタルテキスト」が完成。

　※完成した「デジタルテキスト」の PDF を，子ども用のタブレット端末からアクセスできるフォルダに入れる。

❶ 子ども用のタブレット端末で、「デジタルテキスト」の PDF を開く。

❷ 子どもが自分で画面を拡大したり，興味・関心に応じてリンク先のコンテンツを視聴したりする。

活動レポート

○ Web ページや動画へのリンクで，文章や写真の内容を補足

　本実践は，地域に関する資料を読み，捉えたことや感じたことを伝え合う単元（社会科の産業と生活にかかわる内容）で行いました。

　文を読むことや文を読んで場面を想像することが苦手な子どものために，関連する Web ページや動画へのリンクを設定した「デジタルテキスト」を自作しました。

○ 文章や写真だけでは様子を捉えづらい子どもたちの理解が深まった

　地元函館市の名物である「いか」を使った料理の話題から単元の学習を始めました。

　「デジタルテキスト」のいかめしの写真では「私もいかめしが好き」などと，いか釣り操業の動画では「漁船の機械がぐるぐる回っている。釣り上げられたいかが小さく見えるよ」などと，わかったことや感想を即時的に話していました。

　「デジタルテキスト」を導入する前は，単位時間の中の振り返りで，「今日は〜をがんばりました。」と発表することが精一杯でした。動画などにアクセスすることで，場面の様子を具体的に捉えることができ，見て感じたことを自分の言葉で率直に表すことができました。

★実態に合わせた応用アイデア--------------------------------

　本教材・教具のよさは，子どもの興味・関心に応じた Web 上のコンテンツ，学習内容に関連して授業者が意図して閲覧させたいことをテキストに組み込んでおき，その資料に子どもが主体的にアクセスすることで，知的好奇心をきっかけとした学習を展開できることです。特に特別支援教育では進んで学習できる状況をつくることが大切です。社会科の指導以外に，国語科の説明的文章を用いた読むことなどの指導でも活用できます。

　個別最適な学びと協働的な学びの一体的な充実に向け，デジタル教科書やデジタル教材の普及が進もうとしています。一人一人が学びやすい状況をつくるために，個や小集団の特性に即したデジタル教材を一日でも早く取り入れたいところです。

- -

69 作れる！マイパズル

ねらい	● 学習への興味・関心や余暇の活動意欲を高める
対象	● マッチングやパズルなどに好んで取り組む
活動場面	● 自立活動，休み時間，社会科，総合的な学習の時間

※アプリ「ジグぞう」（制作元：PiyoLog Inc.）を活用した実践。
※参考文献：鴨下賢一 編（2022）『教室でできる タブレットを活用した合理的配慮・自立課題』中央法規，p.143-145
　　　　　諏訪利明監修，林大輔著（2019）『TEACCH プログラムに基づく 自閉症児・者のための自立課題アイデア集 身近な材料を活かす 95 例』中央法規，p.18-20, 110

事前準備

❶ 写真（画像）を子どものタブレット端末に保存する。

※子どものタブレット端末のカメラアプリで風景を撮影したり，Web 上のコンテンツをスクリーンショットしたりして画像を集めます。

❷ 子どものタブレット端末に写真をパズルにできるアプリ「ジグぞう」（iPad 用）をインストールし，起動する。

❸ 端末内に保存した写真の中からパズルにしたい画像を選択して「ジグぞう」の中に保存する（図1）。

※「ジグぞう」の画面右下の「カメラマーク」のタブを開き，右上の「＋マーク」「フォトライブラリ」の順にタップして保存します。元の写真は保持されます。

※「＋マーク」「写真を撮る」の順にタップして新たに写真を撮ることもできます。

図1　カメラマークをタップしたとき

使い方

❶ アプリ「ジグぞう」を開く。

❷ カメラマークのタブをタップする（図1）。

❸ 挑戦したいパズル（「ジグぞう」に保存してある写真）とレベルを選択して，ゲームを開始する（図2）。

※「ジグぞう」の場合，12 ピース，30 ピースなどのレベルを選択できます。

図2　レベルの選択

○ 自立活動で行うジグソーパズルの意欲をより高めたい

　ジグソーパズルは自立活動などでよく活用され，教師が子どもの好みに合わせて制作したり，市販品を使ったりすることが多いと思われます。本校でも使用していますが，繰り返し取り組んできたパズルでは飽きが見られました。子ども自身が「この絵でパズルをしてみたい」と思えるパズルに取り組めれば，より主体的な学びにつながると考え，アプリ「ジグぞう」の写真などをパズル化できる機能を活用することにしました。

○ パズルを通して教科の学習の理解にもつながった

　本実践では，社会科や総合的な学習の時間で見てきた，ご当地キャラクターや地域の風景写真などをパズル化しました。自立活動で，他の授業の学習内容との関連を図り，子どもが気に入ったものを取り入れた遊び感覚の活動を通して，学習内容への興味・関心や活動意欲をいっそう高めるためです。興味・関心をもっているもの（学習や生活の様子に合わせて教師が意図的に用意したものを含む）がパズルになっているので，「これにする！」と飛びつくようにパズルを選ぶ様子が見られました。

　初めは，パズルのピースを指で動かす操作に少し戸惑いを感じている子どももいました。お気に入りのパズルとレベルを選んでよいこととしたり，繰り返し取り組める機会を設けたりしたことで操作に慣れていきました。そして何より，やってみたいパズルを選ぶときに，パズル化した写真の内容をはっきりと言うようになりました。つまり，内容の理解につながったのは喜ばしいことです。さらに，パズルのタイムアタックに挑戦したり，休み時間の余暇活動としてパズルに自主的に取り組んだりする子どももいました。学習活動用の教材として用意したものが，余暇でも活用される例となりました。

★実態に合わせた応用アイデア ----------------------------

　自立活動（自立課題）として取り組む場合は，興味・関心に応じて子ども一人一人が別々のパズルに挑戦することもできます。テーマを設定して行う学習（社会科，総合的な学習の時間など）の場合は，全員同じパズルに挑戦することもできます。

　また，パズルの写真を子ども自身に撮影させることもできます。子どもは自分の目的に合う写真を撮影したり，画像を検索したりする活動を行ったうえでパズルを作るなど，学習の幅を広げられます。

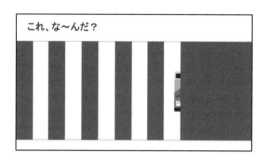

ねらい ● 一つの対象に一定時間注意を向ける経験を積む

対象 ● 集中して話を聞くことがむずかしい

活動場面 ● 自立活動

作り方

❶「問題のスライド」を次の①～⑤の手順で作る。

① スライドの右側に画像を貼り付ける。

※子どもの実態や興味・関心を考慮し，クイズにする画像を1つ選びます。左上には「これ，なーんだ？」と文を入れます。スライドは，PowerPoint で作成しました。

② 貼り付けた画像が右から左へ動くように設定する。

※画像を選択し，「アニメーション⇒その他のアニメーションの軌跡効果⇒直線（左へ）」の順にクリックし，「直線（左へ）」の移動する長さを調整します。速さはアニメーションのタブの「継続時間」で調整します。

③ 画像を囲む枠を挿入する。

※「挿入⇒図形⇒□ 正方形 / 長方形」の順にクリックし，スライドの左右の両端に合わせて大きい長方形を作ります。「図形の塗りつぶしなし」に設定します。

④ 画像の全貌が見えないように隠す長方形を複数挿入する。

※「挿入⇒図形⇒□ 正方形 / 長方形」の順にクリックし，3の枠線の高さに合わせ，長方形をいくつか作ります。難易度を上げるときは長方形の横幅を太くします。

画像を囲む枠と隠す長方形を挿入する

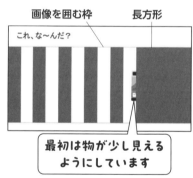

最初は物が少し見えるようにしています

⑤ ③で作った枠と④で作った長方形をグループ化する（問題のスライドの出来上がり）。

※「shift」キーを押しながら図形を選択し，「図形の書式⇒グループ化」でグループ化できます。

❷「答えのスライド」を作る。

① 出来上がった「問題のスライド」をコピーする。コピーしたスライドの画像が中央で止まるように，直線の移動する長さを調整する。

② 画像が中央に移動したら長方形が消えるように，コピーしたスライドの長方形を選択し「アニメーション⇒アニメーションの追加⇒終了（クリア）」の順にクリックする。

※「スライドショー⇒現在のスライドから」⇒画像の順にクリックして動作を確認します。

❸ 問題数に応じて，上記の❶～❷を繰り返す。

❶ 教師はテレビ画面に「物当てクイズ」の「問題のスライド」を映す。

  ※「テレビ画面の右から左にある物が通り過ぎます。よく見て，何が通り過ぎたか答えを考えましょう」と説明します。

❷ 「物当てクイズ」を始める。

  ※画像をクリックして右から左へ動かします。子どもたちから再度「問題のスライド」を見たいという要望があったときは，同じ「問題のスライド」を繰り返し映します。

❸ 「答えのスライド」を映して正解を確認する。

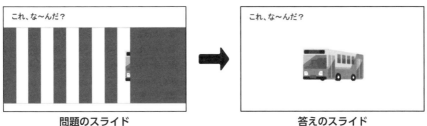

問題のスライド　　　　　　　　　　　　　答えのスライド

活動レポート

○ 集中して話を聞くことに課題のあった A さん

　集中して話を聞くことに課題のある A さんへの支援として，「物当てクイズ」という教材・教具を作成しました。まずは，楽しく学習活動に取り組む中で，一つの対象に一定時間注意を向ける経験を積むことで，話を聞く姿勢を育むきっかけにしたいと考えました。

○ 徐々に難易度を上げて注意を向ける経験を積んだ

　最初は物が画面を通り過ぎる速さをゆっくりにし，物を隠す長方形の幅を小さくするなど，簡単なクイズで実施しました。A さんは，クイズの答えがすぐにわかったことで，その後も「できそうだ」と見通しをもち，意欲的にクイズに取り組みました。

　徐々にクイズの難易度を上げていきましたが，一定時間，画面を通り過ぎる物に注目してクイズの答えを考えることができました。

★実態に合わせた応用アイデア -------------------------

　一定時間注意を向けて学習（クイズ）に取り組んだ姿を称賛し，他の学習場面（朝の会で教師の話を聞く，国語科の話す・聞く活動で友達の発表を聞くなど）で，一定時間注意を向けて学習に取り組んだ姿を想起させ，相手のほうを見て話を聞くように促すことを継続していくことで，話を聞く姿勢を育んでいけたらと考えています。

71 絵カードタイマー

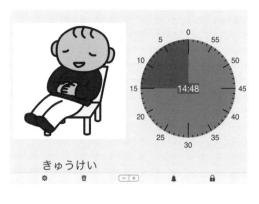
きゅうけい

ねらい
- アプリを使って活動の内容と残り時間が視覚的にすぐわかる
- 活動の終わりまでの見通しをもつ

対象
- 時間感覚が乏しい

活動場面
- 終わりの時間を示したいとき（休憩中や活動中）

※「絵カードタイマー」（開発者：Ryuta Yoshitake）を活用した実践。
※「絵カードタイマー」の中のイラストは，Drops（ドロップレット・プロジェクト）より使用しました。

事前準備

❶ 「絵カードタイマー」というアプリ（iPad, iPhone用）をタブレットにダウンロードし，起動する。

❷ 図1の画面で写真マークをタップする。

❸ 「アルバム」「カメラで撮影」「カメラロール」と表示されるので，いずれかをタップして，子どもの活動に適した画像（絵カード）を挿入する。

❹ 選択した絵カードのタイトルを入力して「OK」をタップする（図2）。
※タイトルは入力しなくても使用できます。

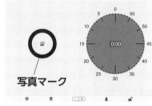
写真マーク
図1　写真マークをタップする

タイトルを入力
図2　挿入した絵カードのタイトルを入力する

使い方

❶ 画面のタイマー部分をタッチして時間を設定し，手を離すとタイマーがスタートする。

❷ 画面に「おしまい」と表示されるとともにアラームが鳴り，タイマーが終了する。

活動レポート

○ 活動の予期せぬ終了に戸惑う子どもたち

　通常の時計やタイマー，声がけでは，「いつ終わるのか」「あとどのくらいなのか」がわかりづらい子どもたちにとっては，作業や休憩を予期せず急に終えることとなり，戸

惑ってしまうことが多々ありました。また，残り時間が視覚的に示される教材・教具に「タイムタイマー」がありますが，通常のタイマーよりも高価だったり，サイズが大きかったりして，用意できないこともありました。

　そこで，「絵カードタイマー」アプリを使用することとしました。

○ 絵カードとのセットで，見通しがもちやすく

　待ち時間が長い場面や，活動の見通しがもちにくい場面などで「絵カードタイマー」アプリを使用しています。テレビに映して大きな画面で使用しているクラスや，一人一台の端末で個別に使用しているクラスもあります。

　「絵カードタイマー」はタイムタイマーと絵カードが一緒に表示できるので，何が終わりなのかなどの情報を合わせて提示することができます。いつまでに何をするのかがはっきりするため，見通しをもちやすく，子どもたちが次の行動にスムーズに移行できることが増えました。終わりの時間が近づいてきたら自然と片付けを始める子どももいました。

★実態に合わせた応用アイデア

「絵カードタイマー」の画面左下の「設定」ボタン（図3）で以下のような変更ができます。
タイマーの色／終了時の文字メッセージの変更（初期設定は「おしまい」です）／アラーム音の変更（文字メッセージの合成音声や録音した音声にもできます）

【教材・教具を導入するときに役立つ機能】

　子どもが「絵カードタイマー」の残り時間などを操作してしまうことがあると思います。アプリ画面右下に「鍵マーク」があり，タップすることで画面ロックがかかります。再度タイマーを設定したい場合には，また鍵マークをタップすると画面ロックを解除できます。

　画面ロックをかけても，鍵マークをタップすると残り時間を変更できることに気づく子どもや，別のアプリを開いてしまう子どももいるかもしれません。そんなときは，iPad（iPhone）の「アクセスガイド」という機能で，使用できるアプリをいま使っているもののみにできます。手順は以下のとおりです。

図3　アプリ画面の役立つ機能

① 設定ボタンから「アクセシビリティ」を選択
② アクセスガイドをオンにし，パスコードを設定
③「絵カードタイマー」アプリを開き，ホームボタン（ない端末はサイドボタン）を3回連続で高速タップ（図3のような画面になります。）
④ 右上の「開始」をタップ（「絵カードタイマー」アプリのみ使用できるようになります。）
※任意の領域を選択することで，その部分をタップ無効にする機能もあります。いずれもホームボタン（ない端末はサイドボタン）を3回連続クリックで解除可能です。

⑫ iPad で朝の会

ねらい
- 司会者・参加者ともにわかりやすい朝の会にする
- 主体的に会活動に参加できる

対象
- 前に出て話すのが苦手
- 集中して会活動に参加することが苦手

活動場面
- 朝の会，帰りの会

作り方

- iPad で Keynote を立ち上げ，朝の会用のスライドショーを作成する。

  ※「はじめのあいさつ」などのテーマごとにスライドを作りました。人のイラストに吹き出しをつけて，セリフを読むことで司会進行ができるように工夫しました。

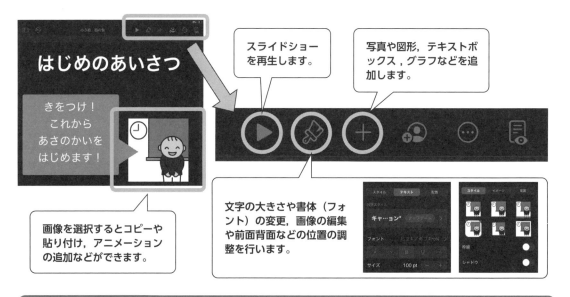

スライドショーを再生します。

写真や図形，テキストボックス，グラフなどを追加します。

画像を選択するとコピーや貼り付け，アニメーションの追加などができます。

文字の大きさや書体（フォント）の変更，画像の編集や前面背面などの位置の調整を行います。

使い方

❶ iPad のスライドショー画面を大型モニターなどに表示する。

  ※本実践では Apple TV を利用しましたが，HDMI 接続コネクターなどでも代用可能です。

❷ 司会役の日直がスライドショーを開始し，画面を読み上げながら朝の会の進行をする。

  ※教師が日直の子どもに応じて iPad をタップする方法を口頭で指示したり，動作の手本を横で見せたりしながら司会を進行してもらいます。

○ 集中しにくそうだった朝の会

　子どもが主体となって朝の会などの会活動を進めていくためには，めくり式の司会表の操作，司会原稿の読み上げ，ホワイトボードの掲示などのアナログ教材では，注目しなければならないところが多すぎて集中しにくいのではないかと感じていました。

　ICT機器を活用することで，司会をする日直と，参加する子どもの双方が視覚的に注目しやすいようにしました。必要な情報を整理することで，子どもが主体的に参加できる会活動をめざしました。

○ iPadを用いた朝の会で参加意欲がアップ

　子どもたちはiPadに触れながら会活動を進めることに対して意欲的に取り組んでいます。これまで日直は絶対にやらないと言っていた子どもも，友達がiPadで取り組んでいる様子を見て興味をもち，日直の仕事に取り組むことができました。日直以外の子どもも，注目する場所がテレビ画面1か所と整理されたことで，集中して最後まで参加することができるようになりました。

　スライドショーは，文章を読むのが苦手な子どもにも読みやすいように，一度に提示する文の量を極力少なくしています。画面をタップすると次のセリフが出てくるため，紙の原稿では上手に読めなかった子どもも，同じ量の長いセリフを読むことができます。

★実態に合わせた応用アイデア

　節分の単元の導入で，節分がどのような季節行事か知るためにKeynoteで2択クイズを作って指導しました。正解と不正解のスライドを用意し，クイズの正解の画像をタップすると正解のスライドに，不正解をタップすると不正解のスライドに飛ぶようにしました。

※画像をタップして，「リンク」を選択して設定すると，指定したスライドに飛ぶようにできます。

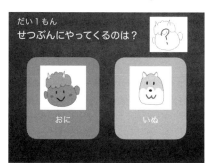

著者・執筆分担

北海道教育大学附属特別支援学校

- 青山眞二 ※ (あおやま・しんじ)・・・・・・・・・・・〈校長〉はじめに，理論編（P.010 〜 017）
- 宮下知子 ※ (みやした・ともこ)・・・・・・・・・・・〈副校長〉2章 19 ， 3章 39

（以降は五十音順）

- 飯田悠太 ※ (いいだ・ゆうた)・・・・・・・・・・・・1章 3 ， 3章 35 ， 4章 55 ， 4章 56
- 伊藤　光 ※ (いとう・ひかる)・・・・・・・・・・・・6章 68 ， 6章 69
- 伊藤美乃 (いとう・よしの)・・・・・・・・・・・・・1章 6 ， 3章 40
- 岩田　満 (いわた・みつる)・・・・・・・・・・・・・2章 21 ， 4章 57
- 小野真理 (おの・まり)・・・・・・・・・・・・・・・2章 12 ， 2章 26
- 笠井　純 (かさい・じゅん)・・・・・・・・・・・・・1章 5 ， 3章 31
- 加藤順也 (かとう・じゅんや)・・・・・・・・・・・・3章 45 ， 5章 65
- 金木彩子 (かなき・あやこ)・・・・・・・・・・・・・1章 2 ， 2章 10 ， 2章 11 ， 3章 30
- 日下部佳奈子 (くさかべ・かなこ)・・・・・・・2章 14 ， 3章 37
- 小島洋平 (こじま・ようへい)・・・・・・・・・・・1章 4 ， 3章 34
- 齊藤留美 (さいとう・るみ)・・・・・・・・・・・・4章 48 ， 4章 50 ， 4章 58 ， 5章 63
- 櫻井優歩 (さくらい・ゆうほ)・・・・・・・・・・・5章 60 ， 5章 61
- 佐藤果奈 (さとう・かな)・・・・・・・・・・・・・3章 29 ， 4章 49 ， 4章 54
- 佐藤実華子 (さとう・みかこ)・・・・・・・・・・3章 41 ， 4章 47
- 澤口厚平 (さわぐち・こうへい)・・・・・・・・・・3章 42 ， 6章 70
- 塩村文子 (しおむら・あやこ)・・・・・・・・・・・3章 44 ， 4章 52
- 千田晶子 (せんだ・あきこ)・・・・・・・・・・・・4章 46 ， 5章 62
- 辻　洋子 (つじ・ひろこ)・・・・・・・・・・・・・2章 20
- 永浦　愛 (ながうら・めぐみ)・・・・・・・・・・・2章 17 ， 2章 18
- 中條由紀子 ※ (なかじょう・ゆきこ)・・・・・・2章 13 ， 2章 16
- 長瀬裕明 (ながせ・ひろあき)・・・・・・・・・・・5章 66 ， 5章 67
- 中村耕太郎 (なかむら・こうたろう)・・・・・・3章 32 ， 3章 33
- 西村祐紀 ※ (にしむら・ゆうき)・・・・・・・・・・5章 59 ， 6章 71
- 能登祐聡 ※ (のと・よしあき)・・・・・・・・・・・2章 22 ， 3章 38 ， 6章 72

- 長谷川ひかる（はせがわ・ひかる）‥‥‥**1章** 1 ， **2章** 23 ， **3章** 36
- 早坂洋次郎（はやさか・ようじろう）‥‥**3章** 27 ， **4章** 51

  （現：北海道教育委員会渡島教育局）

- 前野景子（まえの・けいこ）‥‥‥‥‥‥**1章** 7 ， **4章** 53

  （現：北海道函館商業高校）

- 村上　望（むらかみ・のぞみ）‥‥‥‥‥**2章** 24
- 山口詠子（やまぐち・えいこ）‥‥‥‥‥**1章** 9 ， **3章** 28 ， **5章** 64

  （現：函館市立湯川中学校）

- 若山大輔 ※（わかやま・だいすけ）‥‥‥**2章** 15 ， **3章** 43
- 渡邊俊郎（わたなべ・としろう）‥‥‥‥**1章** 8 ， **2章** 25

【2024 年 3 月現在】　※は校内編集委員

助言者

- 五十嵐靖夫（いがらし・やすお）　北海道教育大学函館校教授
- 北村博幸（きたむら・ひろゆき）　北海道教育大学函館校教授
- 細谷一博（ほそや・かずひろ）　　北海道教育大学函館校教授

イラスト

掲載のご許可をいただき感謝申し上げます。

- ドロップレット・プロジェクト（Drops）　　いらすとや

読者特典

下記サイトより，本書で紹介した教材の一部を DL できます。

http://www.toshobunka.co.jp/books/kyogu/kyogu.php

パスワード　special

監修者紹介

青山眞二（あおやま・しんじ）

北海道教育大学函館校特任教授，北海道教育大学附属特別支援学校校長（令和3年4月より兼任）

1955年北海道生まれ。筑波大学大学院修士課程教育研究科修了。
札幌市立の特別支援学校や特別支援学級教諭を経て，現在に至る。
著書：『長所活用型指導で子どもが変わるパート1・2』（編著，図書文化），『発達障害児への
ピンポイント指導〜行動を解釈し，個に応じた指導を編み出す』（編著，明治図書），『デキ
る「特別支援教育コーディネーター」になるための30レッスン＆ワークショップ事例集』
（編著，明治図書），『エッセンシャルズ KABC-Ⅱによる心理アセスメントの要点』（監修，
丸善出版），『日本版KABC-Ⅱによる解釈の進め方と実践事例』（分担執筆，丸善出版），『ア
セスメントで授業が変わる』（編，図書文化），『はじめての特別支援教育「あるある事例」
の解決法98』（監修，図書文化）

「わかる！」「できる！」がみつかる
教材・教具と特別支援のアイデア

2024年6月1日　初版第1刷発行　［検印省略］

監 修 者	© 青山眞二
著　　者	© 北海道教育大学附属特別支援学校
発 行 人	則岡秀卓
発 行 所	株式会社 図書文化社
	〒112-0012　東京都文京区大塚1-4-15
	TEL：03-3943-2511　FAX：03-3943-2519
	http://www.toshobunka.co.jp/
本文デザイン・装訂	中濱健治
組版・印刷	株式会社 Sun Fuerza
製　　本	株式会社 村上製本所

ISBN 978-4-8100-4783-7 C3037